調笑如昔一少年

王正方——著

目次

代序

讀〈我的父子關係〉——憶王壽康教授

林海音

正方寄來〈我的父子關係〉，要我轉寄《聯合副刊》，因此先睹為快。

我與何凡讀著這篇至情之文，不由得時間穿越時光隧道，回憶三、四十年來的往事。正方的父親是語文教育家王壽康（號茀青，一八九八——一九七五）教授，他是北師大何凡的學長，到台灣來共事於省國語推行委員會和《國語日報》，又在台北的重慶南路三段做了多年鄰居；他的兩子正中和正方，和我們一子三女同在這兩幢各只有十幾坪的小木屋裡長大，又前後在國語實小和建中讀書，兩家可謂是通家之好。

民國六十四年五月十日下午五時，茀青先生病逝於台北郵政醫院，其實在這以前他已經臥病數年，去世時七十七歲。我夫婦於得悉後首先趕到醫院，幫著料理後事，因為當時正中、正方哥兒倆在美國讀書，一時不及趕回。

茀青先生是因中風病倒，像一般的中風患者一樣，肢體一邊麻痺癱瘓，不能言語，這對於一位語文教授和演講家的茀青先生，真是一件慘痛的事。他初住台大醫院，返家後用心調養，每天下午由一男工陪他出來散步。那時，重慶南路三段尚未改建馬路，街面清淨，往來車輛也不多，每天見他穿著長袍、歪著半個身子，一瘸一拐的，努力學習行走。

走到我家門口，如果看見街口敞開，他必得彎進來看看孩子們，孩子們看見他，也都親熱的叫「王伯伯！來坐！」因為我家小女兒每天和鄰居女孩做老師教書遊戲呢！院子裡一把椅子架著一個小黑板，下面坐著幾個小女孩。小女兒阿葳做小老師：「三，ㄙㄢ三，一聲三，九，ㄐㄧˇㄡ九，三聲九……，啊！王伯伯，來，念，九，ㄐㄧˇㄡ九，三聲九！」茀青先生，嘴唇微動，努力的張開嘴巴，「八！」他是心裡想著九，卻發不出來，張開嘴巴就是「八！」可憐的王伯伯，落得每天和小老師學說話。

茀青先生終身從事教職，從大陸到台灣。在台除《國語日報》工作外，主要是師範大學及政戰學校教授，每年還常常全省巡迴演講，民國四十二年曾出版過《演說十講》及《國語發音學》。前者是專為政戰學校而編寫的。

他對學生不但認真教授，而且非常照顧，講課時也風趣詼諧、雋永幽默，絕不是使學生打盹兒的課。他在師大的學生，如今大都也是國內外語文科方面的名教授了，如：林良、張孝裕、鍾露昇、方祖燊、林國樑、王天昌、那宗訓、那宗懿、鄭奮鵬……等位；至於政工幹校（即現在的政戰學校）方面，他在戲劇科任教，受教於他的，現在都是影劇界的大編導，如：張永祥、趙琦彬、貢敏、瘂弦……等位。他們對他的教學，小小的舉例說明，都會使他們難以忘懷，受益匪淺。他對作育英才是樂此不疲，看他矮胖的河北省壯漢，好像精力是用不盡似的，但就因為太不在乎了，所以在最後一次和趙友培先生的全省巡迴講課中，中風病在花蓮，是何凡陪著王太太趕到花蓮把他接回來的。

在和《聯合副刊》主編瘂弦聯絡要送正方的文稿和照片時，勾起了瘂弦難忘的回憶，他說：「我是王老師的親炙弟子，當年我們都是流亡學生，來自各省分，雖是北方人，如山東、河南等等，但是國語卻不靈光，都有家鄉的腔調，是王老師，從ㄅㄆㄇㄈ，一字一字的正音教我們。他上課有趣得很，他教我們理論，也教我們實行，老舍有一本著作劇本《國家至上》，我們上了理論課之外，就以對話演《國家至上》。」

「大家都知道國語『兒』化音，王老師就說過，『兒』化是不能亂用的，它是要用在嬌小的、非正式的、日常性的方面。比方說，在北京當年有坤伶唱戲的藝名叫『小香水』，大家都以『小香水兒』呼之，有『咱們晚上聽小香水兒的戲去！』絕不能硬梆梆的說『咱們聽小香水的戲去！』又如說『大陸華東一帶發了大洪水啦！』就絕不能說：『發了大洪水兒啦！』還有自嘲可以說：『當個小教員兒混口飯吃罷了！』可不能說：『我給您介紹，這位張女士是北一女的教員兒！』王老師對我們說的，我們謹記於心，久而久之，也就運用自然了。」

正方從事編導電影工作，近年頗有成就，他編導的《北京故事》轟動海外，而且他在每部自編自導的影片中，都要軋上一角，演技自然，尤其對於對話，真是收放自如，這也都是受父親語文研究的影響。

最近消息傳來，正方以英文編寫的一個劇本，在美國得了三個獎：1.全國藝術基金會獎；2.美國公共廣播電視獎；3.全國亞美傳播協會獎。此三獎以第一種榮譽最高。他編寫的這劇本名為《與巴特萊姊妹的生活》（*Life with the Bartletts*），故事是說我國清末由容閎帶領的第一批留美小留學生到康州去，由巴特萊姊妹照顧他們生活的故事，是我國留美歷史故事，寫得非常動人和有趣，也有意義，所以得獎。

正方台大電機系畢業，留美賓州大學得電機博士，又在ＩＢＭ工作，但他迷於電影，不管三七二十一，放棄了高薪工作，一頭投進了電影圈。在當時他的父親已經故去，但他的哥哥正中及親友（包括我們）卻很擔心，認為他中年才改行，如果失敗，可回不了頭做電腦了，因為電腦也是日新月異的。但是他卻絕不反顧，我們當然也希望他能再接再厲，但是如果茀青先生在世的話，對這個叛逆性的兒子會怎麼樣呢？

寫至此，時光隧道又把我帶回了重慶南路三段的小木屋，茀青先生還沒有病倒時，隔壁常常傳來一對老夫婦的樂器合奏聲，是王先生的一枝橫笛，王太太的一管長簫，他們吹奏著〈高山流水〉。如今二老已去，木屋已拆，重慶南路三段也早已改建成六線大馬路，熙來攘往的車輛和行人，哪有清幽的簫笛之音啊！

1 台北本是我的家

坐在窗口發呆，傻瓜似的進入冥想，想什麼？隔壁巷子新搬來一家，那個女兒好像同我差不多大，她為什麼笑起來那麼好看！

巷口有人吵架，我穿上木屐衝到門外去。一位摩登少婦和三輪車夫爭車費，言語不通各說各的話。車夫急起來台語三字經頻頻出籠，少婦開始聽不懂，後來知道了那個意思，氣得漲紅了臉，突然以純正的山東煙台話說：「有戲麼（什麼）了不key（起）的，你這個台灣印（人）。」

熱鬧啦！這種場景每天都有。

我們家在台灣的第一個地址：台北市古亭區龍口里重慶南路三段十四巷一號。左右都是清一色的日本木製房子，拉動式的門窗，打開紙門四處通風，還有個花木扶疏的小院子，我最喜歡光著腳丫子在榻榻米上跑。

左鄰右舍多半是從大陸來的南腔北調人；斜對角的董家講福州話、再過去一家小周的母親，常在窗戶口用江北話喊：「小比阿（八）子，七（吃）飯囉！」

對門李家，不論老小一開口就是標準的山東濟南腔；說四川話的有好幾家，他們有時候聽不懂電台播放的相聲，就問我這個從北平來的孩子：

「他們都在講啥子喲？」

「侯瑞亭剛才說：我們說相聲的是狗掀門簾子，全仗一張嘴。」我說。

有位老先生，挑著擔子用一根筷子敲打盛茶葉蛋的鐵臉盆，在巷子裡邊走邊叫賣，天津口音十足：「五香的茶葉蛋哪！」

他的茶葉蛋滷汁特別香，出來繞兩圈就賣完了。

再過去一家住了個大老美，據說是位大學教授，見了人就大聲用英語打招呼，聽久了才知道洋教授在試著說中國話哩！

重慶南路三段的馬路非常寬，那時三段和二段還沒有連起來，來往汽車不多，腳踏車和三輪車是主要車輛。路邊有一道既寬且深的水溝，不時有小孩、自行車、三輪車掉進溝裡去。

很多《國語日報》的同仁就住在這附近；大家稱那一帶做「國語胡同」；社長洪炎秋伯伯住在三段十二巷，梁伯伯（總編輯梁容若）住在隔壁的那條巷子，走到巷子口過了馬路就是國語推行委員會主委何容伯伯的家。

晚飯過後，坐在窗口寫母親交代的幾頁大小楷，努力作用功狀，其實已經睏到睜不開眼睛；經常有個高大身影出現在窗口，聲音低沉的問：「爸爸哩？」

何容伯伯來找父親談事情，兩人通常會聊到深夜。

重慶南路三段尾，有兩戶距離不遠，都是門禁森嚴的大房子，小孩子在那兩家大門前玩耍，就有穿制服的年輕人出來喝令我們快點走開。後來知道，那是海軍總司令桂永清、總統府祕書長張群的官邸。某年除夕夜，家家戶戶照例大放鞭炮，有時炮仗聲太響，把小小孩都嚇哭了。小李的爸爸，官拜陸軍中校，酒喝多了，大冷天上身赤膊穿著內褲跑出大門來大聲說：「俺聽著非常的熟悉，這是在放連發的機關槍哩！」

第二天小孩子們在大水溝裡撿到好多顆子彈殼；小李爸爸判定是官邸的衛士，除舊歲的時候找樂子，半夜裡朝著水溝掃射。

這個十四巷細細長長，兩輛三輪車面對面過來勉強可以走過去，巷口的另一端接泉州街，那是一條漂亮的柏油馬路，順著它走到街底的南海路再左拐，就到了台北市植物園。

父親來台灣創辦《國語日報》，報社就設在植物園內原來的「建功神社」裡面。日本神社有漂亮的日式庭園、花草樹木、石製的燈座、荷花池子。幾個小朋友去荷花池畔，脫了鞋子光著屁股下池塘，踩著池底軟軟的爛泥，水深過腰；捉蝌蚪、摸蓮藕，玩到天黑。

再過去有一座銅馬雕像，那匹馬的兩隻前足高高舉起，蓄勢做奔騰狀。其中一隻前腿斷掉了；據說是二次大戰末期被盟軍飛機炸掉的。我總想爬到那座銅馬的背上，耀武揚威一番。銅像的底座就比我高很多，多次試著攀登上去都無功而退。有一回突發神勇，攀著那條翹起來的馬尾巴使出巧力，我出乎意外的跨上了馬背，銅像下面幾個小朋友為我舉手高聲歡呼！剎那間真的有指揮千軍萬馬的威風，高處的視野廣闊，看到了植物園對面的馬路。開心了一會兒，可是問題來了，怎麼下馬呢？低頭往下看，地面距離我好遠，自小就有的「懼高症」此時發作，兩條腿止不住的微微顫抖；真叫做「騎馬難下」了。眾小朋友的建議很多，都沒有什麼實際的幫助，我轉過身來，抓住馬尾、馬腿一寸一寸的慢慢往下溜，還是重重的摔了下來，胳臂和腿上有好幾處擦傷。

晚飯時母親見到我的狼狽樣子，厲聲質問，一五一十地招了。老爸嘬了一口杯中的酒，發出短暫清脆「嘖」的那麼一聲（此乃中國國粹），他說：「天下的事兒都這樣，費盡心機辛辛苦苦地爬上去，還沒風光多久就得下馬，根本沒想過怎麼下來，又非下來不可。一眨眼他那兒連摔帶滾的就橫躺在地上啦！鬧了個灰頭土臉的。」

植物園建功神社前與父母合影。

「年輕的時候我在北平挺喜歡馬連良的戲，他紮上靠又唱又打的，大氣都不喘，念白清楚有層次，最後來一個瀟灑的亮相，隨著鑼鼓點子轉身，一步一步往下場門走。你看他背後插的那四面小旗子，搖擺的速度和幅度，都那麼左右一致、這叫有戲、下場漂亮，人走了大家還老記住你。能有那樣的身段，平素得用足了功夫。」

沒事我經常從家裡走到植物園《國語日報》社去混；主要目的是向老爸討點零錢，買植物園門前的芋頭冰淇淋吃。父親總是忙，沒空理我，吃冰淇淋的意圖多不能得逞。

看報社工友把大小機器搬進搬出的，個個累得滿頭汗，工頭王老大說：「格老子這裡熱死人的，明天我們回成都老家開茶館兒，那才叫舒服哩！你去過成都嗎？」我搖搖頭。

「我告訴你小娃兒，成都是天府之國的首都，那個地方才是天下第一。」

在編輯部進進出出，編輯部的叔叔們忙著寫稿、剪剪貼貼；他們用的稿紙質量粗，摸在手上麻麻的有顆粒，灰色長方形，上面印了大格子，每行的距離寬，一頁只能寫三百字。編輯部的人多數年輕，都喜歡同我說閒話。

編輯郭寶玉叔叔用那種三百字的粗稿紙寫情書，邀請某女士一塊看電影，人家沒理他。大家一直嘲笑他：「用這樣的破稿紙寫情書太不夠浪漫，你這個寶玉真比不上那個賈寶玉。」

郭叔叔回答：「我就是要找個能夠同我一塊吃苦的女朋友，她要是連我們的稿紙都嫌，那還有什麼戲唱？」

1948年父親在建功神社銅馬前留影。

爸爸是《國語日報》副社長，見到我在編輯部混就趕我出去，他說：「不要打攪人家上班。」

我去排字房晃蕩，那是另外一個陣仗。排字房裡的燈光暗，擺滿了上上下下一排排的大小鉛字，這兒的鉛字最特別，每個字旁邊都帶著注音符號。排字工拿著份稿子，端了個排字盤，走來走去揀鉛字放進盤子裡，然後按照文章排列鉛字製版。這個工作看起來真的很麻煩。

植物園有個布政司衙門，巨大的門板上畫了兩個凶神惡煞也似的門神，顏色已經處處剝落，大門口的門檻很高，裡面的建築是真正清朝留下來的老衙門。有一次在那裡我碰上台灣製片廠拍電影，大概是台灣拍的頭一部清朝古裝電影，演員留了清代的辮子頭，穿上朝服，熱得滿頭大汗，不斷的邁門檻進進出出；就那一個動作重複了好多遍。正式拍攝的時候真緊張，附近的人都不准動、不許說話。我站在旁邊看了一個多鐘頭，拍電影真好玩。

爸媽覺得不能讓這孩子每天在各處胡混亂逛的，趕緊安排他上學去。爸爸安排我們兄弟二人上附近的學校，哥哥插班建國中學的初中一年級，我讀國語實驗小學五年級，兩間學校是緊鄰，在南海路植物園的對面。

2 孔老師、江班長

一天清晨，爸爸帶著我坐三輪車去植物園對面的國語實驗小學。走進教室，一位高大美麗的女老師，迎過來親切的叫爸爸「大哥」，略談了兩句，父親上班去了。她是孔繁銳老師，爸爸和她二姊夫蕭家霖是北京師範大學國文系的同班同學，這個「大哥」可不是隨便叫的。去學校之前父親就同我說：「孔家排行『繁』字的，是孔老夫子的嫡傳後裔，輩分高；你可得給我好好的跟孔老師學著點兒。」

教室裡滿滿的坐了幾十個學生，孔老師指著一張靠牆邊的小桌椅，是我的臨時座位，全班同學用詫異的目光瞪我，好不自在。觀察了一下教室，奇怪啦！這間教室不算大，東西兩面牆上各有一黑板，幾十個同學分成兩組，背對背坐著，兩組同學各對著自己的一面黑板。國語標準、聲音優美的孔老師在我們這邊寫黑板講課，留下些功課給大家作；然後到另一邊開始教內容不一樣的課。

下課後，我到教室門口看上面寫的牌子：「六乙／五乙複式班」。「複式班」是什麼意思？這個學期從大陸來了許多新學生，國語實小的老師和教室全不夠用，就把五六年級兩班學生放在一個教室裡，經驗豐富的孔老師好辛苦，忙著兩頭跑，一個人當兩個人用。

爸爸囑咐過了，怎敢怠慢？上孔繁銳老師的課我真的很用心聽講，喜歡她那略帶山東口音的國語。可是我做不到「心無旁鶩」，孔老師到六乙那邊講課的時候，也止不住專心的去聽，於是六年級的課我也聽會了不少。

五年乙班有二十幾個學生，每人講話都帶著不同的方言口音。有次上國語課，同學輪流講故事，從上海來的楊子綱說：「上海有一家餐廳，一個當地人隨地吐了一口痰。隔壁桌兩個外國人在講話，一個用英文說：『今朝是星期羅（六）。』剛才吐痰的那個上海人聽到之後，嚇得丟下筷子就逃命去了！」笑話講完，全班沒有人笑。

下課後我問他：「楊子綱，你那個笑話一點都不好笑。」

「你們不會英文又不講上海話，所以聽不懂！英文說今天是星期六『Today is Saturday』，聽起來就同用上海話說『吐痰是要殺頭的』一樣，所以那個上海人聽了就馬上逃命。」他用英語和上海話各說了一遍，對喲，聽起來真的很像，這小子還挺有學問的呢！

六乙班的吳桓，是公認的講故事高手。他看過很多小說；比手畫腳的講著，特別生動、聲音表情多，每個故事最後都是男的和女的在親嘴，班上的女生聽得嘴巴合不攏，目不轉睛的看著他。訓導主任派他每天升旗典禮時，站在台上指揮大家唱國歌、國旗歌，人人都認得吳桓。

江顯楨是我們五年乙班的班長。國語實小剛開辦，顯楨就入校讀二年級，一直是班上最

1950年兄弟二人坐在大石頭上，穿著新回力牌球鞋。

優秀的學生。四年級讀完校方把他轉到五年乙班，顯楨很不高興，因為他是原來那班的班長，老師同學都喜歡他，這個乙班又算是什麼？

校方自有考量：乙班同學多是從大陸各地來插班的孩子，程度參差不齊，雜牌軍隊伍，所以要找一個當地的王牌學生鎮壓場面。顯楨是我們乙班唯一的台灣省籍同學，品學兼優，當然由他來當班長。但是同學們給他取的綽號是「江狗」，簡直沒道理；然而天下所有的綽號都是無厘頭的。

班上國語最標準的除了我以外就數江顯楨了。江同學品學兼優，一手毛筆字漂亮到把所有人都藐死，經常代表學校參加書法比賽、國語演講比賽，得到好多獎狀獎牌。每次去演講比賽之前，孔老師就叫他來我家接受爸爸的指導。爸爸是語言學專家，他的演說最是生動有趣，遠近知名。

為什麼老師從來不叫我這個從北平來的、國語最標準的學生參加演說比賽？嗨！從小就沒有一句正經話，要是我上台胡說八道起來，老師、校長恐怕都得去坐牢。

江顯楨的爸爸請我們一家去他家喝茶，江家在台北市內江街，好大的一棟老房子。江老伯健談，講台語，聲大量宏，顯楨在一旁當他們的翻譯。老先生拿出一張大唱片來給大家看，說那是很多年前大陸出的《趙元任教說國語》，他從上海輾轉買到這套唱片，晚上緊閉窗門在家裡偷偷學國語。江伯伯說在日本時代偷聽這張唱片，被發現是要砍頭的；然後他拿著那張唱片做狀地在自己脖子上不斷的砍。

多年後顯楨告訴我，他父親非常重視中國傳統文化，嚴厲督促八個兄弟姊妹學中文。江爸爸和國語實小的校長老師們都非常熟，二二八事變期間，國語實小的校長和幾位外省籍老師，都住在江家避難很多天。

頭一次月考，我的成績是五年乙班第一名，大家都很意外，特別是我自己，我哪裡是考第一名的料嘛！大概是我在北平上的師大二附小程度不錯，來台灣在旅途上雖然耽誤了兩個多星期，插班入學還能跟得上。運氣來了，各科考試成績加起來只比第二名多一點五分。那是我這一輩子唯一一次的第一名，以後就每下愈況得很厲害。

五年乙班的副班長轉學了，要選新副班長。有人提名我，孔老師支持：王同學的成績不錯嘛！還沒舉手表決，楊子綱就反對：「我認為一個講髒話的人，不可以當我們的副班長。」

「王正方講髒話，真的嗎？」孔老師很詫異，也沒有再追問下去。

我坐的位子離窗口很近，每天風對著吹，我總把窗子關上，其他同學覺得熱，老是吵著要開窗。有一次楊子綱為了開關窗戶同我大吵，他罵我一句：「搓那！」

那是句滬語，我當然聽得懂，就回了一句完整的五字經，像是在替他做翻譯。嗨！這種事情怎麼可以講出來的呢？

少年時的江班長。

後記

・

接獲國語實小校友會通知，孔繁銳老師於二〇一七年十一月去世，享年九十五歲。孔老師一直認為我這個皮孩子將來會有點出息的。曾經支持我當副班長，從來沒有人如此的器重我，可算是一生中的大事。多年承蒙老師的錯愛，實在有點辜負孔老師的厚望。

屢次在生命的低潮中想到她，我默念：「你看，孔老師不是說你挺行的嗎？拿出點勁來，這回一定要撐過去。」好幾次就撐了過來。

・

吳桓（一九三七—二〇〇六），台灣藝術專科學院第一屆影劇科畢業生。最早在電影《阿里山風雲》中飾演要角；人人愛看的電視名劇《大刀王五》，吳兄就是劇中大英雄王五。之後他以編導工作為主；獲金馬獎、金鐘獎最佳編劇獎等，為台灣的電影電視做了許多重要貢獻。

我參加大學話劇社那年，吳桓已小有名氣，拖他來看我們的新戲彩排，我說；「不用客氣請多提意見。」

看完了他對我說：「你演老頭子，怎麼走路的那個樣子，就像剛才在褲襠子裡拉了一泡？」

•

許多年後顯楨與我一同回憶當年在國語實小的種種，他覺得轉到五年乙班很有助於自己的成長；從各地來的外省同學活潑有趣，點子和怪招來的真多。我們一一的談起來，樂不可支。

顯楨自台大醫學院畢業後，留學美國，專業表現突出，是美國亞利桑那州的胸腔外科名醫。他與亞利桑那州前參議員、共和黨總統候選人John McCain結為好友。

3 林海音在電話中說：「正方，你別難受啊！」

有一天爸爸下班回來，一進門就興奮的說：「咱們的新鄰居明天搬進來，他們住那一邊，咱們住這一邊，往後可就熱鬧了，多好哇！」

父親最喜歡熱鬧，母親瞪著他看了好一會兒，沒講話。這所日本房子有三十幾坪大，分一半出去，我們的居住面積就減少了。

父親說的新鄰居是《國語日報》副總編輯他們一家子，也是剛從北平來的。這一陣子大陸來台灣的人非常多，安排住處困難，予人方便就是給自己方便，更何況又是同事，大家住在一塊兒不是挺好的嗎？

他們一家大小六口人：夏承楹伯伯（筆名何凡）、夏伯母林含英（筆名林海音）、外婆（簡稱：婆）、大兒子（他外婆用台語叫他十一仔；是夏家大排行的第十一個孫子，夏伯伯叫他一子，第一個兒子）、兩個妹妹：美麗、咪咪。夏一子上小學二年級，妹妹們都是幼稚園的小朋友。

從此我們的十四巷一號，有了比以前旺盛的生命力。過道中間的小門，白天都開著，兩家小孩子連跑帶跳乒乒乓乓竄來竄去，大呼小叫的，完全沒有「隱私」可言。其實那個什麼「隱私權」是西方人發明出來的玩意兒，早年的我們全都過著毫無隱私的日子。

夏一子喜歡跟著我們哥兒倆玩，他能說會道而且挺愛耍寶。有一次他剛洗完澡，赤裸著身子腰上綁了根皮帶，踢起正步來在過道上來來去去，口中喊著：「中國兵，中國兵！」這裡頭有它的意思的，你看早年的中國兵服裝配備都不足，可不就像赤著身子綁了根皮帶去衝鋒陷陣？但是千萬不要惹夏一子哭，他一旦哭起來便不可止，總要耗掉半個鐘頭以上，很麻煩。

兩家人都說著標準的北京話；夏伯母林海音熱情漂亮，性格豪爽，一口京片子清脆響亮，台語也標準，還能說客家話、日語。她的個性比較急，孩子們不聽話，林海音女士的聲音分貝就不自主的急速飆高。某日中午，夏伯伯在裡屋午睡，我們幾個玩得興起，追追打打弄出頗大的聲響來，夏伯母著急了，她大聲的喊著：「別鬧啦！你爸爸在睡午覺哪！」

沒多久一扇紙門打開，何凡先生一手提著唐裝褲子，一手把條舊領帶在腰上紮起來，他自說自話：「我也不用睡了，她的嗓門兒比孩子們的還大，按說她那兒還是一番好意。」

我及時溜回隔壁家裡去了。

夏伯伯管兒子很嚴厲，遇到夏一子不聽話耍賴皮的時候，他做父親的威嚴就展現出來了；住在日本房子裡大家都不穿鞋，夏伯伯的腳丫子既白且瘦，就過去沒頭沒腦的踹兒子幾腳。以後每當夏一子蓄意要胡鬧之時，我們就警告他：「小心點兒，回頭你爸的白腳巴丫子就要踹上來了唷！」

婆是台北縣板橋人，她說國語帶著濃重的閩南語口音，在北平住了多年，她的兒化韻每處都不缺，就是有時候用得不到位；「餡餅」加兒韻的時候，應當是「餡兒餅」，婆老說成「餡餅兒」，孩子們便齊聲的笑起來。她就說這些孩子聽不懂她的話，真笨（發音如boo-en）、又矯情。

母親經常和婆、鄰居太太們打麻將，輸贏很小。那還是個「戡亂」的年代，規定全台灣上下人人都要發憤圖強，以反共抗俄為宗旨，不容許有聚賭的行為，在家中打麻將就是賭博。某夜她們又在玩衛生麻將，巷口巡邏的警察聽見洗牌的聲音，就翻牆過來抓賭；當年警察以執行任務為理由，闖入民宅是理所當然的事。

進來三名制服客，為首的態度和藹，先向大家宣講了一篇反共抗俄的精神訓話，你們不共體時艱，卻在這裡深夜玩牌。有位太太辯稱：「我們沒有賭錢呀！鄰居沒事在一起玩玩，輸贏只是算分的。」

警察老於此道，他問：「算分？那麼十分就是一毛錢囉？」

婆沒有會過意來，馬上回答：「對呀！十分可不就是一毛嘛！」那位太太瞪了婆一眼。

警察說：「雖然輸贏比較小，那麼還是在賭博囉！」

一定要罰，先將每個人的名字登記在案。三位牌友；包括我媽，都把自己的姓名故意寫錯一兩個字，唯獨婆拿過筆來，清楚的寫下她的真名實姓：林黃愛珍。

我們哥兒倆沒有睡著，從隔壁紙門縫裡偷看，瞧得一清二楚的，事後覺得夏家外婆最了不起，武俠小說裡說過：「在江湖上闖蕩，立不改姓，行不改名，好漢做事好漢當！」

警察留下了紀錄，不論後來怎麼樣了都不是好事。記得父親去拜託一位吳老師，她先生在警界服務，後來這樁小案子就消掉了。麻煩別人的事情禮數要盡到，母親買了一隻大母雞再加上些水果，送到吳老師家去。隔了一天吳老師又把大母雞送了回來，說：「絕對不能收這份重禮，何況大家既是同事又是好朋友，幫個忙也是應該的。」

躺在院子裡的大母雞真可憐，折騰了兩天已經垂頭喪氣奄奄一息了。

我同夏家三個小孩最常玩的遊戲是「馬場町槍斃匪諜」。夏家大妹子美麗扮演匪諜，用麻繩將她五花大綁的捆起來，背後插上一把蒲扇，小妹咪咪是群眾，夏一子當行刑槍手，執行官是我，就在那兒大聲宣告罪狀、發號施令：跪下，瞄準，開槍。夏美麗中槍之後倒下去的樣子太假，還得再來一遍。我們的遊戲與當時的政治氛圍很有關係；台北馬場町槍斃匪諜的新聞頗為頻繁，幾乎隔不了幾天報上就有一段。

有時候忘了時間，天色已晚又溜到夏家去找小朋友玩，三個小孩已經橫在榻榻米上入睡多時。夏伯伯和夏伯母在三個榻榻米大的小房間裡，各據一張小桌子，靜悄悄埋頭苦寫，只聽見沙沙響的寫字聲音。夏伯伯的案上有一盞小日光燈，射出刺目的白光，他用馬糞紙剪出一個帽沿來，兩角穿上根繩子，將帽沿綁在額頭，擋住日光燈的強光。

日後何凡在《聯合報》每日專欄的「玻璃墊上」、林海音膾炙人口的《城南舊事》等，就是在那間三個榻榻米的小房間中，夜夜爬格子，一個字一個字慢慢磨出來的。

後記

我父母親的年齡較長，比何凡、林海音他們大十幾二十歲。父親於一九五九年嚴重中風，喪失語言能力，無法工作。哥哥和我還在大學讀書，當時的台灣，根本沒有保險或退休制度，一時全家陷入困境。《國語日報》全人、父親的學生們，熱心出主意、出力幫忙，我們才熬過來那段最艱難的日子。一九六〇年代初期，我們哥倆相繼去美國讀書，就近照顧家中二老最多的，就是夏伯伯夏伯母他們。

後來夏一子（祖焯）、夏美麗陸續也去了美國，數十年來兩家人的緣分特別好，我們在美國不時的歡聚一堂。

一九七〇年代初，我在美國積極參加保釣運動，台灣國府將我列入黑名單，不能也不敢回台灣。一九八五年母親病危，我取得赴台灣的單程簽證（single entry visa），在台只能停留二週，老母的病況穩定下來，我飛回紐約。不久母親的癌症迅速惡化，我趕忙再去台灣駐紐約代表處申請簽證。簽證遲遲下不來，某個晚上接獲電話，是夏伯母打來的，她告訴我剛才你媽媽在榮總醫院過去了，我頓時哽咽久久不能言；電話的那一頭傳過來海音女士平和悅耳的聲音：「正方，你難受了，別難受啊！她走得很安詳——。」

頓時我的淚水奪眶而出，傾流不止。

中年後喜歡寫作，很得到夏伯母的鼓勵。稿子從海外寄到她那兒去，不久就在台灣某大報的副刊登了出來。她曾誇獎鼓勵我：「你寫的東西挺有感情的，又不時帶著特有的幽默感。多寫點兒，回頭『純文學』給你出書。」

純文學是她創辦的出版社，曾在台灣極富盛名。但是多年來我的興趣龐雜，老是在忙其他的事，零零星星寫了些文章，總也湊不成一本書。林海音當面訓過我，她說：「正方，這麼多年下來你寫的還是那麼幾篇哪？」

我只有低頭慚愧。

之後她年紀大了，結束了純文學出版社。

一九八八年，台灣的戡亂戒嚴令解除，台灣中影公司邀我回台灣拍電影。夏伯伯夏伯母在他們家裡為我開了個party，他們在台灣是文化界龍頭級人物，夏府的聚會永遠是台灣重要的文化沙龍盛會。那天晚上的貴賓很多，有齊邦媛老師、名作家朱西甯、夏元瑜，香港名作家董橋、名導演胡金銓——，冠蓋雲集，大家吃喝嬉鬧，開心極了；名攝影家莊靈在現場拍攝了許多有趣的片段。

林海音去世後，何凡也九十歲了；去夏伯伯台北逸仙路的家探望他老人家。女兒夏美麗

1976年在舊金山灣區與林海音。

把那次的錄像找出來看，數十年前的許多老朋友、老面孔，許多已經不在了。怕夏伯伯看了傷心，我們說：「看一會兒就夠了，咱們自個兒聊聊吧！」夏伯伯堅持要看完，他默默全神貫注地看到最後，說：「累了，回屋裡休息一會兒。」

後來我了解了，從那段錄像裡，夏伯伯又重溫了和朋友們齊聚一堂的歡樂，又見到林海音的一顰一笑，聽到她溫馨動聽、充滿了感情的聲音。

夏一子的女兒Connie，某個暑假在我老哥中央研究院的分子生物研究室當實習生，邂逅了一名帥哥實習生，之後二人結為百年之好。王、夏兩家緊鄰，友情勝似親情，歷時四分之三個世紀，正持續的綿延不衰。

4 父親從台北火車站帶回來一家人

有一天父親回家，一對年輕夫婦和一個襁褓中的嬰兒跟著他一道進門來。爸爸給我們作了介紹，然後說：「他們剛從大陸過來，暫時沒法子聯繫到他的單位，就先在我們家住一陣子。」

年輕夫婦一直說著打擾了、感謝之類話。母親就將當客廳用的八個榻榻米房間清出一半來，中間拉起一根繩子，披上一張床單隔著，成為他們一家三口的房間，當夜就匆匆睡下了。半夜聽見小嬰兒在哭，那孩子的哭聲很特別，聽起來像是一隻小貓在叫，聲音尖銳短促。

父親去台北火車站接人，班車誤點，就在大廳無聊地枯等，遇見這兩個焦急無助的年輕人。爸爸同他們攀談：從基隆下船，搭火車來台北，在火車站已傻等了十幾個小時，應該來接的人始終沒出現，懷中抱著的女兒才一個多月大。人生地不熟的，開口說話對方聽不懂；簡直是走投無路。住旅館？笑話了，誰有那個預算，真的不知道該怎麼辦！父親當場就說：「你們先到我那兒住幾天，我家的地方不大，還住得下，再慢慢去找你那個單位，一定找得到的。」

這件事爸爸沒跟母親商量過，晚上偷聽父母的談話，父親說：「每天從大陸過來的人多到數不清，兵荒馬亂的，都有一口氣接不上來的時候。怎麼能看著一家三口子，還有個那麼小的嬰兒睡火車站呢？咱們來台灣的時間早，安頓下來了，能幫得上別人就幫一把。」

年輕丈夫日日去各處打聽，都是無結果而回。他們覺得這樣下去真不是辦法，父親問年輕太太：「妳在大陸做過什麼工作？」

「在家鄉教過小學，但是來台灣之前太匆忙，證件什麼的都沒帶來。」

「沒關係，附近的國語實驗小學我熟，給你安排試教一下吧！」

試教結果十分成功，此後就在國語實驗小學教書了；她就是劉樂清老師。不久後劉老師的先生與他的單位聯繫上了，一家三口遷入單位宿舍。劉樂清老師在國語實小教書直到退休，學子遍滿天下，她沒有教過我。母親曾經是國語實小的美術老師，兩人來往挺多的。

半個多世紀過去，透過國語實小的老校友，我和劉樂清老師聯繫上了。她還是那麼健談，稍不注意一通電話就能聊上一個多鐘頭。她總是千恩萬謝的提起當年住在我們家的那一段兒；我說：「小事一樁，我那老爸爸天生的喜歡幫助人。您那位小時候哭起來像貓叫的女兒呢？」

「哎呀！她都快當祖母了。」

自國語實小退休，他們全家移民美國，住在舊金山灣區。哦！舊金山灣區，我老哥大半

劉樂清老師（右）在國語實小大門前（車和道提供）。

輩子就住在那個好地方，劉老師立刻要了老哥的電話號碼。我與哥哥通話，說有位劉樂清老師會打電話給你。年代久遠，老哥一時想不起來我在說誰，我提醒他：「她的小女兒哭起來像隻小貓叫的那位！」

「哦！小貓叫，吱吱咕咕的。」

一下子我老哥塵封的記憶庫大開，許多大事、小事、糗事、屁事全記起來了。劉樂清老師和我老哥老嫂相聚了好多次，回憶往事，相談甚歡。

我那老嫂子告訴我：「每次和劉老師見面，她就像搬家似的送來大包小包的禮物，同她講別帶這麼多東西給我們，可是怎麼說也沒用。」

劉老師在國語實小教了幾十年，她的學生很多，都非常記得這位老師。我的朋友顧卓雄教授，知道劉老師還健在，立馬打越洋電話過去，一通電話講了四個多鐘頭。

卓雄告訴我：「她是我小學三年級的導師，那一年發生的事情可多了——。」

5 六姨父的關防

我們家在台灣的親戚都是母親那一方的，老爸的家人沒有一個渡海來到寶島。母親的故鄉在江西新建縣港口村，新建就在南昌市附近，他們說標準的南昌官話，港口曹家是當地望族。

某次我們兄弟二人陪母親在南昌街買東西，突然媽媽站住不走了，她四處張望說：「我聽見有人在講南昌話！」

果不其然，在不遠處有一對年輕夫婦正在激烈的爭辯著，母親走過去，直瞪瞪的看著那位抱著小女孩的少婦，少婦轉過頭來望了一下，然後尖聲大叫：「大姑呀！」

她是四舅的女兒，我們的大表姊；四舅是媽媽的親弟弟。一陣驚呼、慌亂、互相搶著講話；大表姊介紹了她的夫婿：一位高大威猛的帥哥，懷中如花似玉、美麗嬌嫩的小女孩是他們的女兒，還不到一歲。母親迫不及待地詢問：妳的爺（父親）呢？沒來台灣。什麼時候結的婚？一年多前，他同我一道在青年軍二〇X師，隨著部隊來台灣，我們已經退伍了——。表姊夫除了長得高大帥氣，還說著一口道地的南昌話，母親頻頻點頭、微笑。

還在大陸的時候大表姊就來我們家探望大姑，那時候才十八歲的大表姊，響應「十萬青年十萬軍」的號召從軍抗日，剛剛受完入伍訓練，剪了短頭髮，臉曬得黑中透亮，青春四溢。她對我們兩個表弟最有耐心，講不完的外國童話故事、帶我們郊遊……，假期結束，依依不捨，她要隨部隊開拔到某個戰場去，母親擔心得不得了。

如今出現在南昌街的大表姊，已是一位成熟、溫柔、漂亮、打扮入時的少婦，只是在和表姊夫爭辯的時候，聲調高亢，仍然表露出青年軍的戰鬥力。

我們哥兒倆覺得這一幕：「南昌街說南昌話，萬里認親」，實在戲劇化到不可思議。建議爸爸常去天津街、北平路逛逛，說不定也會碰上咱們河北省的老親戚？這個想法未受重視，我們在台灣始終沒有找到任何一位北方親戚。大表姊一家是我們最親的親戚，她一共生了四個小蘿蔔頭子，每逢年節我們家可就熱鬧了，四小蘿蔔最喜歡圍著小舅舅（就是那個從來沒有一刻正經的我）團團轉，翻天覆地的。

大表姊的交遊廣，不斷發掘出許多其他的江西親戚朋友，記得早期經常來我們家串門子的是熊舅舅，他是四舅（大表姊父親）的結拜兄弟。偶然興起熊先生獨自來台灣遊玩，戰局急轉直下，自此回不去了。熊舅舅輕裝簡服的來到台灣，不隸屬於任何機構或單位，看樣子要在台灣久居下去，人地生疏，腰中的銀子有限，他很為自己的生活發愁。

熊舅舅常來我們家閒坐，與母親以純正的南昌官話聊天；談起當年在江西老家的種種風光趣事。父親下班回來加入談話，兩個大男人抽菸喝茶飲酒，暢論天下，吃完晚飯繼續聊。

我注意到熊舅舅同爸爸談話時，口音會有所不同，大概熊舅舅在老爸這位推行國語的專家面前，就自覺的矯正發音起來，他以為自己在講國語呢！但是我聽起來那還是南昌話。

有一天熊舅舅興沖沖的前來，見到我母親就說：

「太甲（大姐）我有工作了！」

「太好了，恭喜你。」

「講起來不是外人，你的六妹夫替我安排了一個中學教員的職位，在ＸＸ中學教國文。」

「當然沒問題，你的國學根底那麼強。」

母親的六妹住在台南，她們姊妹二人來台後還沒見到面，那時在台灣南下北上是很費周章的事。熊舅舅為了找工作，東奔西走的找「老表」幫忙。江西老鄉互稱老表，所謂「一表三千里」。六姨媽和母親是一等親，六姨媽的父親是我外公的親弟弟。

為熊舅舅謀得一職的六姨父徐佳傑，字世英，江西南昌人，系出名門，國學造詣深厚，精通音律，寫得一手脫俗傲人的書法，北京師範大學畢業，二十七歲已是江西省立勞作師範學校校長。抗戰勝利後應台灣省主席魏道明的邀請，出任高雄高級工業職業學校校長，又在美援開發總署、台糖公司任要職。他擔任台南市江西同鄉會理事長多年，為人最是樂善好施，不遺餘力的幫助許多落難在台的同鄉、親戚，還有來自彼岸衣食無著的流亡學生，安頓他們住宿、輔導就業直到成家。

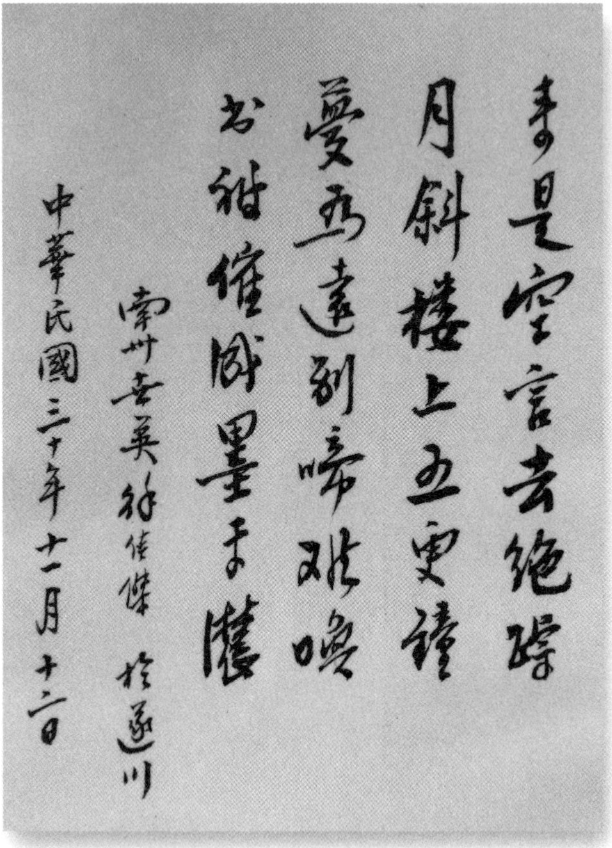

徐佳傑校長墨寶：李商隱〈無題〉。

熊舅舅找到了六姨父，沒得說，兩人從前在南昌就是舊識，相知甚深，更何況六姨的四哥是熊舅舅的把兄弟。問題出在熊舅舅來台灣，沒有攜帶任何文件，如何證明他具中學教員的資格？六姨父帶著他在江西當中學校長的關防和信紙，當場就寫了一封證明函，蓋上關防和私章，熊舅舅順利的在中學教書。

早年台灣的制度尚未上軌道，六姨父曾經寫過許多證明信函，然後蓋上那隻老關防，為親戚朋友們解決了迫切的生活問題。當然證明函不是亂開的，六姨父確切認定了求職者的學識與背景之後，才肯動筆，事後證明凡是他推薦的老師，個個都能勝任愉快。

一九六一年我在金門服兵役，每逢星期日一定在金門縣城閒蕩，有時候去找熊舅舅，他那時在金門中學教國文。輕敲他單人宿舍的門，裡面有人應聲，推門進去見到熊舅舅坐在床上使勁的摳腳丫皮。他說：「就像到家裡一樣，找個地方坐下來。」

接著他起身在小廚房裡忙（好像沒洗手），煮了一鍋雞湯犒賞我，有三分之一厚厚的熱油浮在雞湯上面，部隊的伙食最缺油水，我見到有油的食物就吃得極為開心。

隔壁同事過來串門子，聊國家大事，熊舅舅的性格梗直，遇到他不同意的事就直起嗓門來爭論，鄉音不改，所做的結論都是：「現在的國際局勢呀！已經到了劍拔弩張的局階段，反攻大陸的時機要掌握好。」

一年多後服役期滿，臨行向熊舅舅告別。他說：「你先到高雄？」

「對，坐那種平底三千噸的大登陸艦，搖晃得很厲害，要走二十多個小時，還好我不暈船。」

「回台北之前先去一下台南，替我問候世英兄。」

去了台南六姨家，向六姨父報告：「熊舅舅在金門過得很好。」

六姨父問：「他的怪脾氣會不會又同別人處不來？」

「我看還好，就是講話的聲音又大又急。」

「哎！那一口永遠改不掉的南昌話，金門中學的學生聽得懂嗎？」

有時候會懷念起熊舅舅來，特別是他親手做的油膩膩的雞湯。

6 紀陶舅舅的東洋風

紀陶舅舅是母親的堂兄，早年自日本京都帝國大學畢業，回國後一直在山東青島的海關任職。二次世界大戰結束，台灣光復，紀陶舅舅以特派專員身分來台灣接收海關。媽媽告訴我，紀陶舅的日文造詣極深，又熟悉海關業務，派他來台灣處理海關接收事宜，當然不做第二人想。

紀陶舅舅住在重慶南路三段十四巷三號，就在我們家的緊隔壁；可能當年我們一家人搬來台北，就是紀陶舅舅為我們安排的住處，兩家親戚住得近當然最方便。紀陶舅舅的家眷沒來，舅母和女兒還在青島，說等他辦完了接收工作就回青島去，沒料到接收業務比預期的繁重，紀陶舅舅來了台灣幾年還是做不完。

母親有一本老相片簿子，好幾張是紀陶舅舅的照片；他年輕時的賣相真的非常英俊，套句現代用語，簡直是帥呆了；一身飄逸的長袍，襯出來他的身材修長，蓄短髮，戴著末代皇帝溥儀的正圓形眼鏡，眉清目秀、目光炯炯、氣質儒雅。母親經常以那幾幀照片作範本，向我們宣講：「外公家的男人，多半是這種長相和風度。」

言外之意是我們長大了，最好能外甥像舅，父親的親戚，多半是北方莊稼漢的造型，以黑、粗、壯為主。

頭一次見到紀陶舅舅，他已是年逾半百的中年人，背部微微佝僂，身材還算修長，但並不特別高，有明顯的南昌口音，善說笑，講許多引人入勝的典故和往事。發現當他獨處悶坐的時候，老帶著一種說不出來的憂鬱；我認為紀陶舅舅是典型的中國知識分子，不時的露出懷才不遇、先天下人之憂的士大夫氣質。母親常說紀陶舅舅講的日語，是那種最為典雅的京都口音，在日本一開口就受到眾人的尊敬。

負責照顧紀陶舅舅生活的是阿麗。阿麗二十歲出頭，活潑好動，做事勤快，總是穿著帶有小碎花的連衣裙，每天蹦蹦跳跳滿開心的樣子；她左臉上有一塊寸來長的疤，並不特別漂亮，或者是少年時期的我，沒有感覺到阿麗有特別吸引人之處。但是紀陶舅舅對阿麗的鍾愛，無論是誰一眼就看出來了。

紀陶舅每天的晚餐必定是日本料理，阿麗的日本料理做得很道地，當然還要喝日本清酒。我經常在晚飯時間，藉故晃到他那邊去，趁機吃幾口日本美味。舅舅和我沒大沒小的，要我陪他喝燙好了的清酒，吃生魚片。酒過數巡，紀陶舅便不斷的講起他在日本讀書的往事：充滿了懷舊情愫。在日本求學五年多，日子過得美好自在，京都一帶的人素質高，特別尊重文化傳統，那裡有不少人的漢學造詣很深，令不學無術的華夏後裔慚愧不已。

當清酒喝到一定的程度，他就再告訴我一遍曾和某日本美女熱戀，認真的考慮要和她過一輩子，然後輕輕的嘆了一聲：

「無奈呀！」

「你們那麼要好，為什麼沒有結婚呢？」

「唉！從小父母在南昌就為我訂好了一門親。」

再喝下去紀陶舅就開始輕聲吟唱日本歌曲，阿麗在廚房裡跟著哼哼，端出一盤新菜出來，兩人面對面大聲唱完這首歌，然後用日語說說笑笑，聽不懂他們說什麼，只覺得氣氛中充滿了歡樂。

最喜歡溜到紀陶舅舅那邊混，隨便翻看他的書籍雜物、靠在桌旁看他提起毛筆疾書信箚。母親家的親戚，都寫得一手漂亮書法，當然囉！外公一族是書香世家，家學淵源，每個人的國學根基都扎實，舞文弄墨的本事更不在話下。替他點香菸，他教我：「日本話的火柴叫馬基。」

阿麗就接過來講一堆日語，他們總會同時咯咯咯的笑起來。

某一天紀陶舅喝清酒喝得開心，要教我說日語，他告訴我：「學語言的啟蒙功夫最重要，開始學得不正，以後就很難有程度，說日語必須嚴格的自我要求，講錯了或使用的詞句不對，會被人瞧不起的。」

從五十音開始教，我學得很快，一下子就記熟了，他誇獎我還算聰明。我說：

「這個阿、矣、五、愛、喔，我聽媽媽常說的。」

「是嗎？妳媽媽會說日本話，我怎麼完全不知道？」

「爸爸不在家，來了媽媽不太認識的客人，我媽同他談話，就不斷的點頭微笑，每次只回答一個單字：啊！咦？嗚！哎！哦！」

紀陶舅說我是個調皮壞小孩，倒是滿會講笑話的。

五十音教過之後，斷斷續續的教我認字，舅舅的工作忙，我也不太用功，進度緩慢，遇上不太會發音的字，每次就用中文發音對付過去，紀陶舅舅搖頭，他說：「中國人學日文最容易犯這種毛病，老是把中文發音帶進來混著念，這個絕對要不得。」

某天晚飯後，我在紀陶舅舅的窗戶外探望，他滿臉通紅，講話時舌頭變得大了，招手要我進去。顯然在外面應酬已經喝了不少酒。興致一高，他的話就特別多，阿麗送上熱毛巾，兩人的舉動滿親熱的，講的話夾雜著許多咿咿哦哦，我更加聽不懂了。

這天紀陶舅舅說話多了一份嗲氣，聽起來怪怪的。我問：「舅舅，為什麼今天要這個樣子說話？」

「啊！因為今夜是阿麗之夜。」

紀陶舅舅借著酒興又大聲唱起日本歌曲來，歌聲雄壯，阿麗熱好另一瓶清酒，古色古香的酒瓶和小酒盅特別可愛；兩人一同舉杯，用日本話說：「乾杯！」

我聽得懂這一句，因為它根本就是中國話。兩人說說笑笑的，混鬧了好一陣子。阿麗擰了一把熱毛巾來，親手給舅舅細心的擦著臉。

他拿出一疊舊文稿來，不停的念詩給我聽。紀陶舅舅最喜歡朗誦唐詩和他自己寫的舊體詩，音調起伏有力，特別動聽；然而他必須要用南昌話來誦念，因為那樣才抓得準平仄、韻腳。他寫了好多首詩，都是送給阿麗的，那些詩一律以毛筆寫就，略為潦草的行書，字體從容，一路揮灑，我那時還看不太懂其中真正的意思。他用南昌話念起來聲音更是特別的嗲，而且多數都押「耶」的音。我問：

「為什麼給阿麗的詩聽起來都是一個調子的呢？」

「咦？你聽出來了，有點天分，因為這個韻是專門屬於阿麗的。好孩子，改天我教你寫舊詩。」

他還用白話文寫了一篇〈阿麗素描〉，我仔細的讀了，其中特別描述阿麗左臉頰上的那塊疤；平時看不出來是塊疤，當她開始害羞的時候，那塊疤就泛起微微的紅暈；略有了酒意，那處便綻放起來如同一朵櫻花……。

此後有一陣子，我很注意阿麗臉上的疤痕；但是我覺得阿麗根本沒讀那篇文章，因為她只受過初等日本教育。

我私下問母親：「紀陶舅舅是不是和阿麗很要好？」

母親眼睛一瞪，皺起眉頭怔住片刻，然後厲聲說：「小孩子不要亂講話。」

接著她自言自語：「三嫂和他的感情一直就不大好。」

三嫂就是舅母，人在青島，我沒見過。老相簿中有一張紀陶舅舅的全家福照，舅母的頭

紀陶舅舅全家福。

髮往後梳，面龐有點寬，一副不苟言笑的表情。每次母親看那幀照片，就會輕輕的喟歎：

「唉！三嫂，精明強幹哪！」

我覺得舅舅和舅母不太登對，因為紀陶舅舅太帥了。不知道曾在京都和舅舅相戀的那位日本美女，長得該有多麼好看？

7 他經歷了二二八

中國大陸的局面愈來愈緊張，紀陶舅舅天天擔心、想念在青島的家小，特別是他最心疼的獨生女兒。如果要繼續在台灣工作，必須要儘快把家眷接來，但是又擔心舅母不願意住在台灣，那麼又非得回青島不可，然而這邊的海關業務尚未上軌道，怎麼好半途而廢？真是兩難。

紀陶舅舅每天過來同爸爸不停地抽菸喝茶，分析時局變化，談他切身去留的問題。父親的看法比較悲觀，他認為國軍在幾場重大戰役敗下來，完全挺不住對方的南下攻勢，兵敗如山倒，大陸的局面恐怕很快的就會變色。爸爸說：「名將黃百韜也陣亡了，抗戰時期我和百韜共過事，他可是位猛將、又是儒將，唉！千軍萬馬良將難覓呀！百韜能指揮，打過勝仗，在國軍將領中獨樹一幟非常罕見，但是他因為不是嫡系，雜牌軍放在前線當砲灰。高高在上的一律是常敗將軍、逃命專家、酒囊飯袋！你看不是有不少國大代表吵著說：殺陳X以謝國人！這位姓陳的籍貫優良，最得信任，打更多的敗仗也不會下台。用人唯親，事不可為矣！」

老爸開始口無遮攔地說個不停，在當時可是犯忌的事，不少人因為批評過激、講了不符合當局意旨的話，就進牢裡歇著了，不審不判全無消息。此時母親總會在一旁喝止：

「又講這些話，傳出去大家都要倒楣的，你要是給抓進去了，兩個孩子這麼小，你要我怎麼辦呀！」

「怕什麼呢？紀陶又不是外人。」

紀陶舅舅笑了笑，搖著手說：

「都是自己人不要緊，茀青講的半點也沒錯，一針見血。」

他們每次談話都得到同樣的結論：時局變化看來會出乎意料的快，趁早去青島接家眷來台灣，世事難料，愈拖下去愈麻煩、愈難辦。

大人每天晚上講同樣的事，我逐漸失去興趣，九點不到就睡覺。有個晚上我一覺醒來，聽不見父親的高談闊論和爽朗笑聲，只有母親和紀陶舅舅壓低了聲音以南昌話談事情。我隔著紙門傾聽，睡意全消。

紀陶舅舅正在敘述他的「二二八」經歷：

有一天下班回家，路上被一群壯漢圍住，個個手持棍棒或長短刀，粗聲粗氣地向他吼叫，興師問罪。紀陶舅舅的閩南語不流利，立即被發現他不是本地人，有人就朝著他揮棒打去，情急之下紀陶舅舅說出一大串日語來。一位年紀稍長的漢子，操著生硬的日語問他是日本人嗎？紀陶舅舅急忙表白自己來自京都，戰事雖然結束但一直沒安排好返鄉等。這些人聽

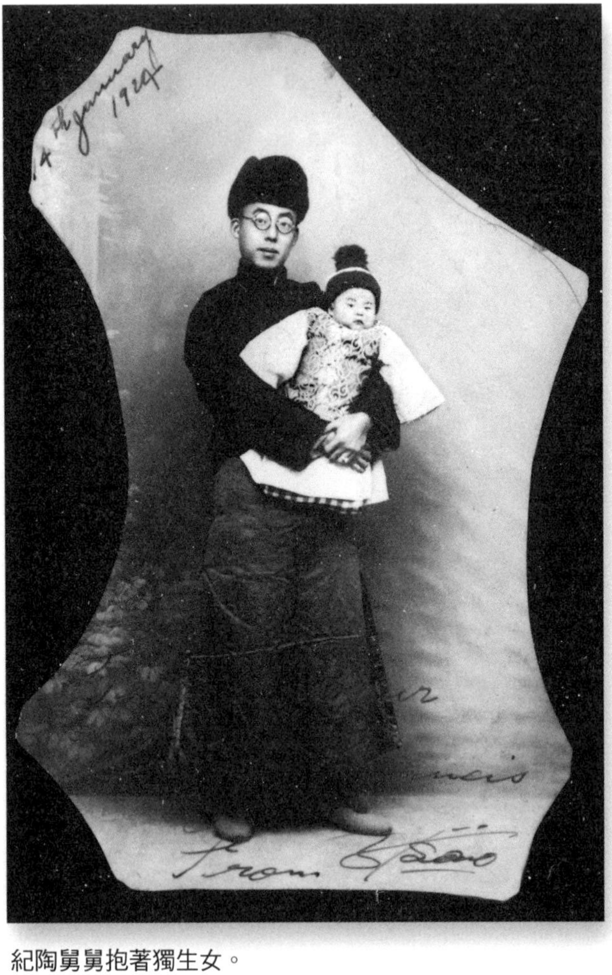

紀陶舅舅抱著獨生女。

得似懂非懂，但是紀陶舅舅的京都口音無懈可擊，壯漢們放過了他。

三步當作兩步衝回家來，打開收音機才知道發生了二二八事件，局面整個亂了，廣播電台呼籲外省籍同胞，不要隨便在街上走動。他的住處沒有電話，一時與外界斷了聯絡。

紀陶舅和阿麗商量，寫了封簡函，要她去海關單位找某人，快去快回。還沒來得及交代清楚，大門口已經有不少人在用力敲門高聲叫喊，像是就要衝進來的樣子。紀陶舅舅壓低了嗓門對母親說：

「我這才發覺阿麗是一個非常果決勇敢的女子，她沒多說話就把客房的一塊榻榻米掀開，推我下去。你一定不知道，榻榻米下面離地面還有一段空間，但是非常窄小，坐不能坐蹲也不好蹲，只有趴在地上。」

紀陶舅舅說的那個地方我知道，有一次抓小貓鑽到榻榻米底下去了，底下黑漆漆一片，滿處是蜘蛛網，有陳年貓屎貓尿的臭味。

「就聽見屋子裡像有幾十個人走來走去，阿麗一一應付著。大約二十幾分鐘之後腳步聲沒有了，阿麗在我藏身的榻榻米附近低聲囑咐，她去送那封信，要我千萬忍住別出聲，她一下子就回來。我估計在底下至少趴了一天一夜，大氣都不敢喘，因為老是覺得屋子裡有人，聽見人講話，腳步聲也沒斷過。」

「那大小便怎麼辦哪？」

我聽得入神，一時忘了是怎麼回事，就隔著紙門參與他們的談話。剎那間大人的討論停止，紀陶舅舅拉開紙門探進頭來，一臉很嚴肅的樣子，但是頃刻又是笑瞇瞇的，我馬上閉起眼睛來做睡眠狀。他說：

「哎呀！這個小孩子這麼晚了還不睡覺，專門偷聽大人講話，現在裝睡也來不及了。」

母親輕聲責罵：「這孩子總是問些屁屎尿的事。」

索性不睡了，起來聽紀陶舅舅的故事。

頭頂上面的吵雜聲音逐漸消失，但是紀陶舅舅仍舊不敢出來。他聽見巷子裡有馬蹄聲往來，似乎有人以日語做簡短交談，又聽見軍人以日本話喊口令，下達指示。阿麗終於回來了，掀開榻榻米告訴紀陶舅外面已經平靜沒事，給他帶來食物和飲料。紀陶舅的家被砸得一團亂，丟了也毀掉不少東西，他的詩文稿件沒失散只被翻亂，有一部分給打濕了，真是萬幸。

驚魂未定，紀陶舅舅從門縫裡朝外探望，街上靜悄悄地沒有一個行人，間或有日本憲兵騎著馬，荷槍實彈在巡邏。

「那時候還有一批日本部隊駐紮在台灣，據說就在石牌一帶。情況緊急，臨時調他們進城維持治安的。」紀陶舅舅說得很肯定。

他們又討論紀陶舅舅到底應該什麼時候去青島，安排行程要去找什麼人打通關係……。還是那些話繞來繞去的說，我突然睏到撐不住了。

一連兩天沒到隔壁去找紀陶舅舅，傍晚時分照例晃了過去，在窗戶外窺探，屋子裡亂糟糟的，書籍文件堆滿了一桌子，許多物件也散放在榻榻米上。阿麗正忙著打掃清洗，我隔著窗戶問：

「阿麗，舅舅還沒下班嗎？」

「先生去青島，接太太過來啦！」

這麼快，說走就走。母親告訴我現在去大陸的船都不定期，紀陶舅舅接洽到去青島的一艘貨船，船長還安排了一張床位給他，就匆匆上路了。

大陸和台灣之間突然完全斷絕來往，以後就再也沒有紀陶舅舅的消息。不知道是不是他們沒趕上最後一班開往台灣的船，還是舅母不願意來台灣，也可能是紀陶舅舅經歷了一天一夜趴在榻榻米底下的痛苦經驗，一直心有餘悸，不願意回台灣來了？

阿麗在我們家做了半年多，也很會做北方麵食了。後來出了點事故，被母親辭退。起因是某日阿麗私下同母親說：

「昨天半夜先生到我睡的地方去，站在那裡不走，還掀開帳子看很久。」

當天晚上我隔著紙門偷聽母親低聲盤問爸爸，父親的反應強烈：

「哪有這種事？還說我掀開帳子看，看了很久，純粹胡扯，這人講話太不老實。」

這件事至今也沒有定論。繼任的阿彩又高又黑，動作幅度大，嗓門響亮，走路虎虎生風像一輛坦克車。我們給她取了個外號：「摸著天」。《水滸傳》中有好漢摸著天杜遷，常常與雲裡金剛宋萬搭檔，想來他們都有籃球中鋒的身材。

母親有先見之明，防微杜漸，父親雖然年逾中年，但是體格健碩老而彌堅，家中的小孩正快速地長成半大小子，防患於未然，明智之舉也。紀陶舅舅那麼帥，他是位飽嘗風月的瀟灑人物，如果阿麗真的如紀陶舅舅所說的那般可人，她在我們家留下來，日後的故事就多了。

我早已超過父親當時的年紀，深深體會到身心健康的男子，美色當前而不動心是多麼困難，不慎起了「大丈夫當如是也」的雄心，再努力克己復禮，更難。平心而論，老爸那天晚上就算有此一舉，也只是撩了撩帳子而已，然後自制的放下；發乎情，止乎禮，誠聖賢之道也。試問天下英雄，又有幾位能做得到？

想念紀陶舅舅；我和他相處不過幾個月的時光，卻忘不了他的翩翩風采、一筆漂亮的行草、醉吟日本小調、笑談京都的美好時光、以南昌話鏗鏘朗誦詩詞……。可惜那時我太幼稚，還不太能欣賞他的詩文，也沒來得及跟他學寫舊詩。

還有阿麗，她臉上的疤，真的那麼吸引中年男子？

8 去植物園看死人、林活頁

季老師是我們的訓導主任，胖胖矮矮總是笑瞇瞇的，一點也不凶，沒人怕他。有一次來我們班代課，他好像沒有準備，大概也不知道怎麼教這個複式班，就叫我們複式班的五六年級同學，都轉過頭來面對著他，講的都是新聞時事。他問：

「行政院剛剛改組，你們知道新國防部長是誰嗎？」

七嘴八舌的大家亂說一通，季主任搖頭咂嘴，用濃重口音的北京話說：

「瞧瞧你們這些孩子，張嘴就說，一說就錯。」

這是他對學生最嚴厲的幾句話了。

記得爸爸前幾天說過：「文人當國防部長，這可是頭一次。」我馬上舉手發言：「新國防部長是俞大維。」

季主任連連點頭，臉上帶有嘉許的意思

教務主任蘇老師反而特別嚴厲；他戴著一副金絲邊眼鏡，身材高瘦，經常一手扠著腰，另外一隻手伸出去指著學生的鼻子，教訓起人來聲音響亮，滿可怕的。我們很自覺，遠遠見到蘇主任，就改變方向走到另外一頭去。

某日清晨剛到學校，見到班上好多同學正在熱烈討論著，班上有個什麼事都知道的「點子王」周立，跑進教室來額頭冒著汗，氣喘吁吁的說：

「我真的親眼看見了，植物園的那棵大王椰子樹下躺著一個死人！」

「死人長什麼樣子的？」

「要不要同我過去，你自己看就知道了。」

放下書包跟著周立飛奔到植物園。一棵大王椰子樹下，圍了好幾圈人，大家在低聲議論著。我個子矮，轉了一圈只看到人擠人的背面，找到一個空隙，不假思索扒開前面兩人的腿，鑽過頭去一探究竟。頭剛伸了出去，就在我眼下不到一尺遠的的方，有一張蠟黃全無血色大男人的臉，他側臥著、閉著雙眼、嘴巴微張、太陽穴上有一個很深的小洞。那人穿一身整齊的黑色警察制服，右臂撇在草地上，手中緊握著一把短槍。

胃在劇烈的翻騰，快要吐了，我抽出身在旁邊草地上嘔出來一攤。學校的鐘聲響起，升旗典禮就要開始，我拔足狂奔，跑向國語實小的大門。就看見一個高大的身軀，扠著腰在大門口站著，蘇主任面色嚴厲，指著我們正要跑進大門的小鬼頭們，大聲的喊：

「你們幾個去植物園的，都給我站住！」

有三個小朋友聽話，就在蘇主任面前低下頭站住。我害怕得不得了，也想停下來，可是兩條腿不聽指揮卻愈跑愈快，蘇主任哪裡追得上。「點子王」周立比我跑得更快，他已經穿越操場，找到我們班的隊伍，竄進去跟著大家唱國旗歌。我比他慢了好幾步，國旗歌已經唱到「勿自暴自棄——」，我跟上來跟著一塊唱起來。就看見那個吳桓正在台上，有板有眼的揮動指揮棒，樣子跩得很哩！

蘇主任上台訓話，校門口被他叫住的幾個小朋友，排在後面罰立正。蘇主任說：

「上學時間偷偷跑到植物園去的，都要受嚴重處分！有的學生更不像話，叫他們給我站住，還往裡頭跑，以後都給我小心點，不要以為我不知道你們是誰！」

三天吃不下飯，一想到那張蠟黃的死人臉就要吐。整個一學期都在擔心，就怕蘇主任認出周立和我來，結果沒事。

母親在國語實小教美術，實小春節晚會，媽媽帶著我一起去，和蘇主任、季主任他們坐一桌。沒想到他們那天都有說有笑的好開心，一點都不凶。晚會的最後節目是抽獎，聽見此起彼落的中獎人歡呼。要抽最後的特獎了，全場緊張。突然蘇主任舉手大喊：

「不用抽號碼了，特獎就是我的！」

主持人覺得奇怪，過來看蘇主任手上的單子，然後大笑起來說：「作弊的不行。」

原來他在那張單子上用鋼筆寫了「特獎特」三個字。蘇主任還在裝傻，說：「自己寫的不行嗎？」

所有人都笑歪了，這蘇主任還挺能逗樂子耍活寶的咧！

班上新來的一個插班男生很矮，穿著窄小的黑色中山裝，脖子上的風紀扣都很嚴實的扣起來，上課專心聽講。老師問他問題，他馬上站起，還沒開口那張臉刷的一下子變得通紅，結結巴巴講了幾句，誰也聽不懂。

下課時同學們打打鬧鬧跑進跑出，他獨自站在牆角東張西望。聽他的口音，我猜大概是從山東來的，就走過去用自以為是的山東話問他：

「你是戲麼（什麼）縣的印（人）哪？」

「俺是山東key下縣的印。」

「你叫戲麼名字？」

「俺叫林活頁。」

還是搞不清楚，怎麼會有人的名字叫「活頁」？拿過紙筆來寫清楚：「林宏蔭，山東棲霞縣人。」

「這棲霞縣在哪裡？」

「就在煙台旁邊。」

啊！煙台，在北平聽的相聲段子，很多是用煙台口音講笑話。父親會說點煙台話，它跟濟南的口音很不一樣，喉頭音多。餃子：煙台話是giaoza，現在的韓國話、日語，餃子的發音也都是giaoza，本來嘛！餃子就是煙台老鄉傳到那邊去的。

聽林宏蔭講話有點費勁，可是他更聽不懂老師們在講什麼，痛苦極了。那時候台灣的教師，多數從大陸四面八方來的，各有濃重鄉音，他們上課時大聲講課，腔調各各不同，都自以為是在講國語。林宏蔭從此就逮住我不放，經常問同樣一句話：「老師剛才說的是戲麼（什麼）？」

口音最重的是游錦榮老師；他年輕，渾身是勁、頭髮茂密、戴深色框子的眼鏡、目光銳利、講話快速、聲音有點尖，總是穿一身灰色中山裝，左上衣口袋插了一枝自來水筆。第一次上算術課，他先在黑板上寫了「算術」兩個大字，游老師就以一口福州腔大聲地說：「同學們，算術是科學的東西，科學是最偉大的學問！算術也是最容易的東西，只要按部就班的跟上來，每個人的數學都會很好。」他把東西的「西」字發出hee的音，而且拖得很長。

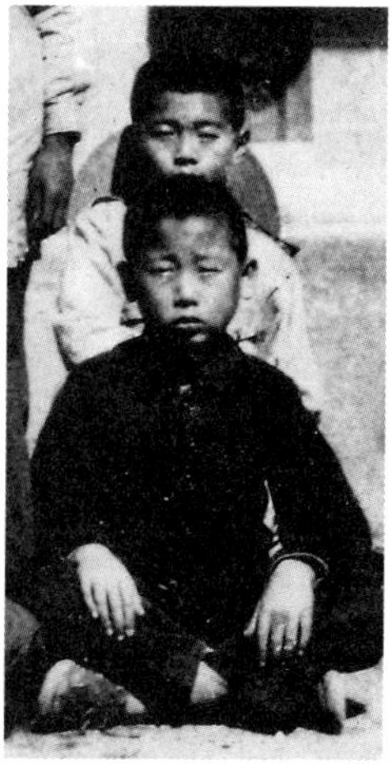

小山東林活頁（宏蔭），後面是我。

上他的課不可能打瞌睡，因為游老師精力充沛，在講台上左右不停的跑動，絕無冷場。他有時走到同學們的座位行列裡來，興奮的時候，還會跳得老高的，感染力強。班上每個同學的名字他第二天就完全記清楚，叫我們時不帶姓的，只叫名字：顯楨、子綱、正方、宏蔭——，開始時我們覺得有點肉麻，後來也就習慣了。班上有兩位同學：周立、鄭岦；當游老師叫著：「立！」他們兩個人都同時站起來啦！

游老師的福州國語委實太鏗鏘；語音特徵有：ㄢ、ㄤ不分；「幫幫忙」說成「班班蠻」；ㄙ、ㄣ不分，「擁擠」成了「暈擠」；還有th的音；「學生」發音如hueo than，「小小的」成了thiu thiu 的——，幾個星期下來，大家就很習慣他的福州腔了，下課時還互相比賽，看誰的福州國語講得最像游老師，特別好玩。很快的，班上有不少同學的福州腔國語都說得不錯，不時的以它來互相笑罵打趣。

小山東林宏蔭和游老師的淵源最特殊。宏蔭一家人剛來到台北，住在廈門街，林爸爸人生地不熟，幾個小孩安排到哪裡上學呢？某日林爸爸搭火車從基隆回台北，旁邊坐著一位年輕人，就是游錦榮老師。兩人攀談起來，知道林先生正在為子女入學的事傷腦筋，游老師熱心，說：

「我在國語實小教書，先送你的大孩子過來吧！」

林宏蔭就這樣來到我們班上就讀，後來他的幾個弟妹，也都上了國語實小。

五年級的算術，已經不很簡單了；雞兔同籠、有餘不足、最大公約數、最小公倍數……；搞得大家頭昏腦脹。游老師有耐心，一遍一遍的為同學講解；雞兔同籠由他來講就好像挺容易似的，改作業也特別認真，一點點小錯游老師都挑得出來。有時候算術考試的題目太難，多數都考得不好，他再出了幾道題目，叫同學帶回家作，改天繳上來可以加分數的。

以前我最不喜歡算術課，半個學期以後成績好像有點進步。但是我發現游老師的語文不是特別厲害，有一次他代上國語課，把「趨」字念成了「鄒」，但是我沒同任何人說過。

9 我們都喜歡的游老師是匪諜？

游老師注重課外活動。他找來教體育的潘老師，組織「武術組」。潘、游二老師在福州是同學，畢業後一同來台灣教小學。他們教的拳法是〈滿江紅〉；隨著那首岳飛的〈滿江紅〉詞，依照歌曲的節奏，從「怒髮衝冠」唱起，一直唱到「朝天闕」，最後雙掌平行從上而下慢慢收式。可是那首〈滿江紅〉的老調子，實在不太好聽，你看怒髮衝冠那四個字多麼有英雄氣概，偏偏唱到「衝」字，音調就壓到最低，這時候頭上的「冠」又怎麼能衝得起來呢？

每天下課潘老師從一招一式教起，然後由游老師在一旁唱上一段配合演練。拳練得有模有樣的了，校長張希文很重視我們的表演，特別過來看我們練習，然後宣布：十月二十五日光復節那天，這套拳要去台北市中山堂表演。大家聽了之後興奮得半死。

這可是個大陣仗，當時的中山堂，是台北市唯一的大型演出場所，外國來的著名音樂家才能在那兒演奏！中山堂每次演出第二天一定上報，親友們就全知道了，那可有多麼風光呢？像我們這樣的一群毛頭小子，居然也能在中山堂的舞台上表演！

練習的愈加頻繁，要求愈嚴格。演出舞台不是很大，人多了擺不開，選出九名表現好的小朋友，我也僥倖入選，是站最邊上的那個第九名；我們的個子一律頗矮，游老師說個子高站在舞台上不好看。江顯楨當然是首選，他排在隊伍中間，兩旁的同學就跟著他的動作走。

在中山堂彩排，游老師弄來一台留聲機，唱片中有男中音唱的〈滿江紅〉，九名細胳臂細腿的小學生，這才頭一次跟著留聲機的音樂打完一趟拳。游老師要大家不用擔心，正式演出的時候他在後台管留聲機，保證一切都不會有問題。

演出之前，大家擠在後台等候，又緊張又熱。前一個節目的幕落下來，我們趕快在台上一字排開，主持人報完節目，布幕拉起，台下亂哄哄的坐滿了人。雄壯的男高音唱起：「怒髮衝冠，憑欄處，瀟瀟雨歇——」。我們跟著江顯楨舉手投足用心的打起拳來。

最關鍵的地方在「仰天長嘯、壯懷激烈」的那個節骨眼上，大家要同時踢高左腿，雙手在腳尖一點，再旋轉身子飛躍踢腿，然後右手用力拍在踢出去的左腳上；動作必須整齊，拍腳的聲音只能有一個，不能此起彼落的。我們在練拳的時候，潘、游二老師曾經一再叮囑，反覆操演這一段。

唱到「仰天長嘯」了，每個人站的位置都準確，然後一齊飛起左腿，右手迎上去，動作劃一，只聽見一聲響亮清脆「啪」的一響，棒得很！台下有不少人鼓掌，這回真的沒有辜負二位老師的期望。

可是到了「靖康恥，猶未雪」的那段，留聲機突然變調了，男高音的聲音降了下來；我看見江顯楨的動作愈來愈遲緩，大家的動作也前前後後零零落落的不大整齊。就聽見後台有人快跑，然後留聲機的聲音才恢復原狀。我們後半段的演出，遠不如開場那幾下子漂亮。

第二天我在《國語日報》圖書館，翻遍了每一份報紙，只找到一塊小豆腐乾大的篇幅，報導昨晚中山堂有慶祝光復節的表演，根本沒提到我們表演的〈滿江紅〉。嗨！想在報紙上露臉真的很不容易。

事後游老師向大家道歉，他說：「諸位同學在中山堂的表演都非常好，打九十五分，只有我這個管留聲機的不及格，忘記把發條轉緊，很丟臉！」

老式留聲機不是電動的，要隨時注意轉緊發條。後來潘老師經常拿這件事嘲笑游老師，兩人就用福州話不停的互相消遣對方。

第二個學期開學，好幾位國語實小的老師都沒有出現；包括了教務主任蘇老師、游老師、潘老師等。我問父母親：

「為什麼游老師不在國語實小教書了？是不是因為我們在中山堂表演的時候，他沒有轉緊留聲機的發條？」

爸媽的表情突然緊張起來，同時厲聲呵叱：

「小孩子不懂的事就不要亂問！」

不敢再問。很奇怪耶！平時要求我們兄弟倆，有不懂的地方馬上就問，以免後來會想不起來。有一次偷聽父母輕聲講話，隱約知道那幾位老師都受到某個「匪諜案」的牽連，從此下落不明。

父親多喝了幾杯老酒，往往興致非常高，談起過當年國民黨清黨（註）的時候，他險些被青幫弟兄丟進揚子江的故事：

「當年蔣先生發動清黨，要去除國民黨內的共產黨員，任務全交給了青幫。那些江湖弟兄們，哪裡分得清誰是共產黨員呀？他們看見穿著中山裝，口袋裡插著一枝自來水筆，走路講話都挺精神的青年，就不由分說從後面一記悶棍打暈，套上個麻布袋丟進揚子江裡去。唉！不知道有多少年輕有為的小夥子，就這樣做了揚子江底的冤魂。」

「那一年我去武漢出差，才二十郎當歲兒，渾身是幹勁，甭提有多帥多精神啦！」

「您也是穿中山裝，口袋裡插著一枝自來水筆？」

「當然囉！穿長袍多不方便哪！辦完了公事在街頭逛著，就覺得老有個人在後面跟蹤，猛的回頭去看，那人就快快的閃過去不見了。後來又有三四個人跟上來，愈追愈緊，我加快腳步，那些人也馬上緊跟過來。轉進一條小巷子，蹲在一個人家門口的樹叢後面，他們看不到我還是不肯離開，就來來回回的在巷子裡轉。身子背後的門突然打開了，一個中年人招呼我進去。」

我們兄弟對這個故事已經相當熟悉，趁著爸爸嘬口酒的時候，老哥接過來說：

「那人是個西裝裁縫。」

爸爸嘬酒很使勁，又是清脆的「嘖」的響一聲：

「對囉！他開著一間裁縫鋪子，帶我上二樓的儲藏室躲了起來。」

「在儲藏室躲了兩個禮拜，他們每天還做飯給您吃。」我說。

「是呀！那一家子真是好人。後來他告訴我風聲沒那麼緊了，可是最好等到天黑了再離開這裡。告別的時候他問我：王先生，你是我們的同學麼？你們倆懂這個意思嗎？」

「想知道爸爸是不是共產黨員，當然不是，您在民國十二年（一九二三）就加入了國民黨。」

「他們給我換上一套普通老百姓的衣服，叮囑我快點離開武漢。到現在我也沒機會謝謝那一家子，沒問過也不知道他們的名字，人家是幹祕密工作的，就是問了，他也不會告訴我真名實姓。」

我一直懷疑游老師會不會被人打了悶棍，然後把他套進一口大麻布袋裡？作過好幾次同樣的噩夢，非常恐怖的醒過來，就再也睡不著了。

註：寧漢分裂，一九二七年國民政府北伐期間，國民黨內部以南京蔣中正為首的清共勢力與武漢國民黨汪精衛領導的容共派分裂。南京舊稱江寧、武漢簡稱漢。蔣的「清共」行動交青幫幫會主持，大規模逮捕、殺戮中共黨員。當時被誤殺誤捕的年輕知識分子，據說有十數萬或數十萬人，但沒有正式的統計數字。

後記

數十年後不少台灣的「匪諜案」公開了。查到蘇主任確實曾被捕判刑，入獄七年。某次在《國語日報》編纂的《國語辭典》上，見到蘇主任的名字，出獄後他曾任辭典編輯之一。但是直到現在，還是查不到游錦榮老師和潘老師的資料。

10 混亂的建中初一F班

哥哥在建國中學上的是初中一年級F班。他第一天放學回來就嘟著嘴不高興，他說A班才是最好的一班，F班是臨時湊出來的，多半是外省子弟，班上同學的年齡差距不小，大個子的坐在後排，上課時互相大聲講話，吵得要命，他們都十五、六歲了，每天講男女之間的事情。上課的時候，台上台下同時講話，這個學校哪裡比得上他在北平上的北師大附屬中學呀！

爸爸說：「這是日據時代台北最好的中學，現在大陸撤過來的人太多，突然要接納那麼多學生，會亂一陣子，等局面穩定了，一切就能上軌道。」

F班上的故事真多。有位上海來的同學，講話完全沒有捲舌音，在週記上把「擦屁股」寫成「插屁股」，老師指正他的錯誤，班上嘻笑作一團，下課後同學們拿著短樹枝頻頻戳他的屁股。

教他們生理衛生課的女老師既年輕又時髦，坐在後排的大個子老是問奇奇怪怪的問題；「做了什麼事就會得梅毒、硬下疳，那都是什麼病？」

女老師不做正面回答，說這些你們以後就會知道。講到某種皮膚病叫「末端肥大症」，有個大塊頭在座中喊道：「我每天早上都得這個病。」

他們舉手繼續問問題，然後吃吃的偷笑。簡直教不下去了，幸好下課鈴響，替老師解了圍。

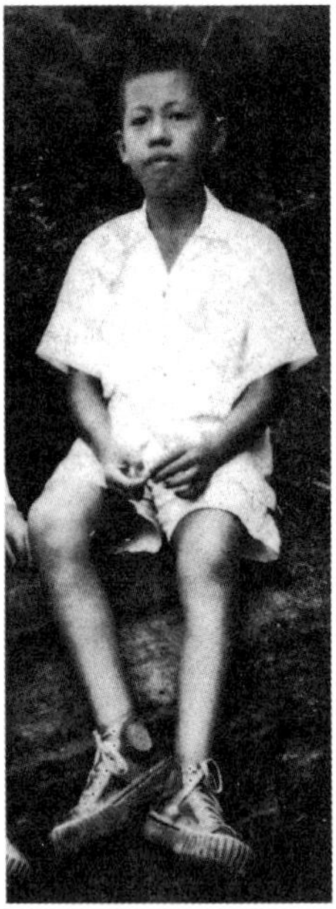

哥哥上建中初一F班。

又有一次上生理衛生課，幾個大個子在後面低下頭不知道在玩什麼好玩的，唧唧咕咕笑成一團，根本不聽課。老師多次叫他們靜下來，無效。漂亮女老師生氣了，走到教室後面看這幾個調皮鬼在搞啥名堂，只看了一眼，臉就刷的一下子變得通紅，快步走回去，喘著氣，好一陣子說不出話來。

原來他們那幾個大個子，坐在後排，各人掏出硬邦邦的「那話兒」來比大小。

後來新的級任導師潘子章來了。潘老師口音標準，教學認真，態度和藹不發脾氣，開始的時候他面對這一班南腔北調、活動力強、程度參差不齊、不懂規矩、不肯聽話的男孩子，也是一籌莫展。

潘老師有耐心，頭頭是道的同這群皮孩子講道理，又單獨把那幾個在後座的大個子，一個一個的叫到辦公室談話：上課要有上課的規矩，這裡雖然是個男校，也絕對不可以解開褲子胡鬧；上次沒有事先同你們講明白這些規定，下次如果再發生這樣的事情，依照情節的輕重，至少記兩次大過，甚至於退學。不久之後，潘老師基本上能鎮得住他們。

初一F班的同學只是愛胡鬧不用功讀書而已，當時建國中學的高中部不時發生械鬥事件。有個吊兒郎當的富家子，穿著上好料子的卡其布制服，把大盤帽弄得歪歪趴趴的，很帥氣，同學們跟著學；他隨身老是帶著一把亮晶晶的匕首；在班上結黨成派，上福利社請客，出手大方的很。

某次在紅磚大樓的二樓走廊上，富家子與一位同學口角，互不相讓。沒想到他突然掏出匕首來，對方並不示弱，冷笑以待，說：「有種的你就砍我呀！」嗖的一劃過去，那同學的臉頰上見血。一個逃命，一個持刀緊追，走廊盡頭無路可走，逃命的縱身從二樓跳下去，落在草地上一個翻身就爬了起來，富家子也一躍而下，揮刀繼續砍。

草坪剛剛有工人割過草，一把鋒利的鐮刀就躺在草坪上。受傷的同學抓起鐮刀，轉過身來就與富家子放對，互相虛砍了幾次。兵器的長短起了決定性的作用，富家子連連倒退，還是被鐮刀劃開了上嘴唇，鮮血如注的流出來，他摀住嘴拚命的跑出校門去。據哥哥說，富家子自此沒有再出現過。

初一下學期開學，F班來了一名新同學，輪廓深、長相帥、個子高大，坐在後排，他的名字是蔣孝文；上學時總有一、二隨從在校園不遠處走動。蔣孝文在課堂上很安靜，下課時和同學有說有笑的；穿一樣的學校制服，只是他沒有跟其他同學一樣剃光頭，蓄了一個短短的小平頭，因為身分特殊，誰敢管他的髮型。

植物園門口有賣芋頭冰淇淋的小攤販，愛吃冰淇淋的同學多。但是在那個年月，多數學生上學只帶個午餐飯盒，口袋裡分文也無，土冰淇淋不貴，但是能有錢買來吃的人畢竟是少數。孝文知道大家喜歡這東西，經常私自溜出校門，買了很多份冰淇淋回來請大家，吃得開心，人緣挺不錯的。

有一天蔣孝文突然不來F班上課了。同學們傳言：有些高年級同學看他不順眼，時常對孝文惡言相向，怒目而視的。有一天他的隨從沒來學校，某高中同學與他互相罵了起來，約好去植物園比劃。據說那天在植物園裡，蔣孝文雙拳難敵四手，吃了悶虧，被K得很慘。打架肇事的高中學生被捕，下落不明，不知道後來怎麼樣了。

又有一說：當時建中的訓導主任出名的厲害，賞罰嚴明，他在台上講話聲調鏗鏘，我老哥告訴我，那位主任說的話，很多年後還記憶猶新，譬如：

「同學們不要亂看那些課外的壞書，像那個什麼馬克思、牛克思講的都是不對的。」

他對屢屢不守校規的同學從來就不假辭色，據說孝文同學也犯過多次校規，訓導主任請他轉學，校長十分難為。訓導主任說：

「不是這個學生走，就是我走。」

後來孝文同學轉到成功中學就讀。

究竟是怎麼一回事，到現在也還是傳聞紛紛，誰也說不清。早年台灣就是那樣：流傳的消息非真非假，亦真亦假。

台灣最早的外省青年幫派名「十三太保」；比「竹聯幫」、「四海幫」、「血龍幫」等要早得多。當時建國中學就有好幾個學生是「十三太保」的成員；二太保李同學、十三太保的老么劉同學，他孔武有力，武術底子強，天不怕地不怕，械鬥時亂揮日本軍刀，殺進殺出的闖出了威名，單憑一個「狠」字！

開始的時候哥哥在F班的成績還算是個好學生，因為他在北平上最好的中學，最優秀的班次：北師大附屬中學初一甲班；底子不錯。插班進入這個F班之後，因為班上同學的成績參差不齊，他不念書也能應付得綽綽有餘，每天看小說、下象棋、下課後去「國寶郵票社」看郵票。日子一久就有點撐不住了；國文、歷史、地理幾科就仗著自己的閱讀、寫作的能力比較好，考得還算可以，其他如英文，數學等科目就愈來愈糟。

頭一次發現老哥的數學考卷不及格的人是我。那時候我們穿的內褲，都是用美援麵粉口袋拆開縫製而成的，哪裡有鬆緊褲腰帶？就把褲腰縫成小夾層，將一根布條子穿過去當褲腰帶。某日我幫著收髒衣服，發現老哥的一條內褲褲腰帶的某個部分，有塊鼓鼓囊囊的東西，慢慢摳出來看，是他的一份數學考卷，做錯了很多題，得分五十六。本來每份考卷應該帶回家來給家長蓋章，然後再交回給老師。但這個分數實在難看，他大概決定先把它藏起來再說，但是不愉快的事情容易被遺忘，長久塞在褲腰裡不處理，遭到了被我揭發的下場。

我也沒存好心，因為我們家的好學生典範永遠是我老哥，多少年來受夠了這份壓力，父母親教訓我的時候，一律拿哥哥做榜樣：

「你看哥哥考得多麼好，人家不像你這樣沒出息：生平無大志，但求六十分！每天就顧著貪玩，不專心用功——。」

就這樣說教下去會沒完沒了的。

此次讓翻出這個五十六分考卷的鐵證來，比我的六十分還不如，著實大快人心，吐了一口胸中鬱悶良久的怨氣。

11 我的一九四九年

抗戰時期中國大陸的話劇表演最受歡迎，據說有八個著名的話劇團，在大後方各地巡迴演出，多數是在鄉間搭個戲台子就開場了，來看戲的老百姓帶著小板凳，戲台周圍遍地坐滿了人。

父親曾經是某抗日話劇團的團長，率領劇團跑遍了湖南、江西一帶，演出劇目有老舍的劇本《國家至上》、曹禺的《日出》、著名的街頭劇《放下你的鞭子》……；宣傳抗日救國、要打敗帝國主義者的侵略。記得小時候在大陸，時常看他那個劇團演的戲，爸爸不是導演或演員，偶爾他會在幕後幫著說一兩台詞，我們一聽就聽出他的聲音來。

第三抗日劇團，又稱演劇第三隊，在國共內戰激烈的時候來台灣巡迴演出，局勢變化太快，第三劇團就在台灣留下來了。父親與第三劇團團長董心銘是老朋友，團員陳曼夫、傅碧輝過去都是爸爸當年話劇團的演員。第三劇團在中山堂演出，我們家總會有幾張入場券，兄弟二人喜歡看戲，一定不會缺席。如果賣座太好沒座位，我們就靠在劇場牆邊、蹲在舞台前面或在某個角落裡看完這齣戲。

在中山堂看過好多令人難忘的好話劇。有古裝戲《文天祥》；服裝布景很考究、音響效果震撼有力、演員的聲音宏亮清晰，發音正確。《文天祥》中有一場戲，至今還留給我極深的印象：後台作出由遠至近的聲音效果，他們輪流喊著：「文大人到！」聲音愈喊愈響，文天祥全副戎裝上場，和眾將官說了幾句話，突然拉開馬步拔出亮閃閃的佩劍，下令：

「明晨五鼓，兵發臨安！」

一時台上和台後的鼓聲震天，剎那間全場燈光齊滅，鼓聲驟然停止，一片肅靜卻劇力萬鈞，太屌啦！

劇團中有名演員李影、張方霞、當家女主角是傅碧輝，傅阿姨的先生陳曼夫是個硬裡子好角色。父親說陳曼夫別名老狗，他的台詞功夫最深。老狗在時裝劇《原來如此》中演一個流氓，壓低了嗓子卻中氣十足地說：

「老癟三，我告訴你說，明天你就得給我搬出去……」

幾句話說的清晰、沉穩、有力，一字一字的送出來，傳到全場上前觀眾的耳朵裡，連句子的逗點都到位，既自然又傳神。那個年月小蜜蜂麥克風還沒有發明，舞台劇演員全靠丹田之力來發音吐字，不需大喊，語音就能傳到很遠的地方。

多年後我從事影劇工作，深深感覺到時下一般演員的語言能力偏低；口齒不清、發音不正、談吐無層次；如果偶爾悲傷起來，就像頭小貓小狗似的嗚嗚咽咽，根本不在說人話，誰也搞不清楚那人在鬧什麼低級情緒？演員說台詞就該像陳曼夫那個樣子去發音吐字才算靠譜，但是不曾親耳聽過老狗說台詞，我又沒那個功力學他，學也學不像，這個絕活簡直無法用任何方式來說明白。陳曼夫英年早逝，如今知道他的人不多了，他的舞台語言造詣，也成為絕響。陳夫人傅碧輝，日後在許多著名的電影和電視劇中擔綱演出，是海峽兩岸家喻戶曉的優秀表演藝術家。

名劇《董小宛》在中山堂盛大演出，特請當時台灣的第一美人，電影明星夷光領銜主演，演冒辟疆公子的是名演員王玨。抱著頗大的希望去看戲，看完了有點失望；因為我們哥兒倆都聽出來那位董小宛的台詞發音太不標準。李香君是董小宛的「閨蜜」，姊妹淘互相調侃時，董小宛稱李香君為「香扇墜兒」，可是第一大美人說成了「香散蕞爾」，實在離譜！

我們一同向父親報告了這件事，老爸搖頭嘆氣說：

「我還給他們開過好幾次的演員正音班呢！幾乎所有的演員都來上過課，上課歸上課，平時不好好練習正音，到了演戲的時候光顧著背台詞、賣力做表情，每句話該怎麼說；捲舌音、兒話韻、輕聲變調全都不記得啦！自己的家鄉話可不就都回來了？」

父親常說起演員正音班上的趣事；學習最努力的是小生唐菁，他本是福州人，最嚴重的問題是ㄣ、ㄥ不分，還有ㄢ、ㄤ不分，但是他認真的去矯正，後來唐小生在電影裡都是自己配音，字正腔圓的。但是我在一部片子裡聽到他的一句，應當說「姓康的——」，他說成「信堪的——」，不小心露了福州口音的餡兒。

咱們的河北老鄉電影明星張仲文，綽號小辣椒、性感尤物、最美麗的動物等，口音最正，挑不出毛病來。有一天父親回家吃晚飯，興沖沖地說：

「今天穿的這套衣服可不能洗了，我剛才和張仲文擠一輛三輪車回來的。」

演員正音班下了課，張仲文就過來問爸爸：

「王老師您住在哪兒呀？能不能搭您的便車？」

當然可以，就這麼一塊兒擠上三輪車了。

「呵！她一路上可能說了，真是的，活潑、樂觀、人又長得那麼漂亮——唉！健康就是美。」

兄弟二人低下頭忙著扒飯吃，沒人敢說話，因為此時母親的臉色開始發綠。

楊達威來我們家，邀哥哥一起去看劉一達的爸爸。是個星期天的下午，閒在家裡很無聊，我吵著要跟了去，哥哥不太高興，因為我老是愛當他們的跟屁蟲，拖拖拉拉的在後面很煩人。最後他勉強同意，提出條件：「見了劉伯伯不准提劉一達這三個字。」

他們三個是北京師範大學第二附屬小學的同班同學，巧的是三家人都要去台灣，哥仨約好了到台灣再相聚。劉一達的父親早就來到台北，安排好家眷乘太平輪開往基隆，結果那次太平輪在舟山群島附近海域，與一艘貨船相撞沉沒，據說乘客、船員幾乎無人獲救（註）。

楊達威很念舊，他總是主動來約哥哥去探望好朋友的父親。我們要從重慶南路三段走到浦城街，路途相當遙遠，三雙木屐（我們叫它呱嗒板子）此起彼落的敲打在柏油路上，天氣太熱我快走不動了，他們不耐煩地回頭催我，我做狀跑上兩步，一會兒又落後了一大段距離，哥哥回過頭來朝著我怒目而視。

馬路兩旁有兩層樓高的大王椰子樹，像威武的衛士沿路站崗。一輛牛車在我身旁緩緩而行，趕車的用大斗笠蓋住臉，靠著車身睡得很熟，老牛搖著尾巴趕蒼蠅，一步捱一步的比我走得還慢。牛車到了十字路口，有輛汽車衝過來，按喇叭警告牛車，車夫忽然驚醒，他把烏黑的赤腳往前一伸，正踹中了老牛的卵孵，老牛不情不願的跑了幾步，順利走過十字路口。馬路上沒有其他車輛，蟬聲不絕。

劉伯伯拉開紙門，讓我們進去。一所不小的日本房子，他大概剛剛睡完午覺，雙眼有點浮腫。席地而坐，劉伯伯拿出來許多糖果花生，面對這三個小男孩，他沒有主動同我們說話。我答應過不亂講話的，就專攻花生米，後來覺得嗓子發乾，又沒水喝，再也嚥不下東西去了。

楊達威是個小大人，才會講話呢！不停的噓寒問暖，禮數周到的像個北京老太太，就是不提劉一達和他的母親。劉伯伯那年大概有四十多歲吧，看起來很沒精神，佝僂的身軀面對著窗子，呆呆失神的地望著外面，他多半是用單字來回答：「嗯、對、好。」

註：太平輪沉沒事件發生於一九四九年一月二十七日，中華民國中聯企業公司向太平洋船務公司租用的「太平輪」因為超載，夜間航行時不開航行燈，自上海開往基隆的途中在舟山群島海域附近與一艘載有煤礦及木材的貨輪「建元輪」猛烈相撞，兩船相繼沉沒。太平輪上共證實有九百三十二人喪生。多年後查閱資料，劉一達和他母親，列在三等客艙乘客罹難名單中。

下午的陽光慢慢在移動，後來照在劉伯伯的後腦上，頭髮被曬得一根一根的豎起來，白頭髮好像比較多些。他突然使勁搔了一陣子後腦勺，揚起來的頭皮散在一束陽光中，不斷的跳躍、擴散、落下。

一路走回來，誰也不願意說什麼，我覺得回去的路程比來時路遠了好多，穿「呱嗒板子」走長路最累，要用力拖著兩隻木板走，兩條腿在發疼。

哥哥說他看見劉伯伯的臥室有個女人，她輕輕打開紙門，看看我們走了沒有。

一九四九年是個劃時代的重要歲月，中國大陸、台灣、全世界都發生了驚天動地的變化；那一年有個小男孩，糊裡糊塗的也成長了一些。

12 《國語日報》撐過了頭一年

《國語日報》在一九四八年十月二十五日台灣光復節出版創刊號，過程辛苦。報社裡唯一辦過報紙的人，就是我爸爸，他原來在北平主持《國語小報》；一份每個國字旁邊都有注音符號的三日刊，學生只要認識注音符號，就能發音正確的讀這份報紙；它能快速有效的幫助認字、提高語文水準。

記得小時候我們一家人，就住在北平《國語小報》社的後院裡，住屋是一間倉庫改建成的平房，都是舊式門窗，上面糊著半透明的紙，換季時糊上潔白的新窗戶紙，冬季晚間回家，見到透過窗戶紙灑到戶外的蠟燭光，那是我們溫暖的家。院子裡有一棵古老巨大的桑樹，爬上高枝採桑葚吃……，都是我美好的童年回憶。

台灣國語推行委員會主委魏建功伯伯，時常來找父親長談，邀他去台灣開辦《國語日報》，因為台灣才是最需要推行國語的地方。老爸捨不得離開自幼生長讀書的北平，猶豫了好一陣子，後來說服了自己，他說：「花三年的時間，最多五年，把報社創立起來咱們就回北平。」

一九四八年春，父親乘船押著印刷機和一套有注音符號的銅模子，用來鑄造帶有注音符號的大小鉛字，在基隆上岸。母親和我們兄弟二人在同年的秋季，搭乘美信輪自天津、上海輾轉到了台灣。

父親是《國語日報》第一任副社長，報社裡裡外外大大小小的事都由他管，報社社長由某名人兼任。當時的總編輯是父親北京師範大學的同學梁容若，副總編輯夏承楹（何凡），年輕的林良在編輯部。這個報社的經費不足，人手不齊，在那段日子裡，父親每天早出晚歸，忙到天昏地暗，他的腰圍整個的瘦下來一圈。創刊號訂在一九四八年十月二十五日出版，因為那天是台灣光復節，意義非凡。

實際上條件遠遠不夠成熟，各部門都缺人，帶有注音符號的大小鉛字也不夠，印刷機殘破——，趕在光復節出創刊號的困難重重；但是上面的旨意怎能違逆？後來的折衷辦法是：傾全力在十月二十五日出創刊號，然後再休整幾星期，儘快做好準備之後，正常出報。

我很興奮的拿著那份創刊號，它只有小小的一張，一下子就看完了，我問爸爸：

「怎麼我們的報紙比別家的報小呢？」

「小孩子懂什麼，」爸爸說：「語文教育是神聖的，帶注音符號的報紙，全世界只有這一份。」

我不懂那麼多，但是我知道《國語日報》與眾不同，也很喜歡讀，因為它的內容易懂，每個字都可以念出正確的發音來。這點太重要了，我們家在父親的領導之下，嚴格要求要發音正確，如果念了白字就立即被糾正，特別是我那位老哥，若發現我發音有誤絕對不會放過，持續恥笑很久。某次我把「伍子胥」說成了「伍子肯」，就被嘲諷了一輩子。

報紙剛剛開始發行，爸爸每天傷腦筋，社會上知道《國語日報》的人不多，銷路還沒打開。記得他每天為了報紙的銷行量發愁，常常踱來踱去，自言自語：

「今天才賣了多少份兒？唉，這哪兒夠呢！不過還行，比上個禮拜強多了。」

記憶中父親他們那一輩的教育工作者，對語文教育都有特殊的執著，任勞任怨，抱著奉獻的精神堅持不懈。有一天下午，老爸和梁容若伯伯路過植物園附近南海路上的一所基督徒聚會所（這間聚會所現在還維持原貌的在當處），許多熱心教友在路邊發傳單、小冊子，不放過任何過往行人，硬要二位進去聽某名牧

中華民國三十八年十月二十四日

內政部登記證京警字第一六六號 民卅七年十月廿五日創刊

國語日報

胡適

Gwoyeu Rhbaw

中華郵政登記認為第二類新聞紙類

將星紛集重慶會商大

余漢謀率部在湛江成立

陝南秦嶺國軍展開局部

華中軍政長官白崇禧，西安綏署主任胡宗南都將在最近到重慶集會，研討當前軍事佈署。

據悉：白長官崇禧，李部長漢魂，二十三日飛抵海南島。

早期的《國語日報》。

師講道，一時被堵在路口。

梁伯伯笑著說：「請讓讓路，《聖經》上說：通往天堂的路要為大眾敞開。」

父親說：「我們已經有別的信仰了。」

眾教友勸說得更加起勁，要他們小心，不可以崇拜偶像、信邪教等等，父親說：

「我們信的教不拜偶像，它是『國語教』。」

再接到教育部的通知，雖然最初《國語日報》奉教育部的指令在台灣創辦起來，但是因為戰事不利，預算有限，文化方面的工作不占優先地位，公家不再撥經費給他們了。當時的教育部次長田培林曾經面告：

「你們必須做自給自足的打算，千萬不要仰賴教育部給錢。」

黨國元老吳稚暉先生也說：「你們應該把它當作一種社會事業來辦。」

其實那個「公家」只撥給報社金圓券一萬元，金圓券貶值得很快，也早就花光了。《國語日報》如期出版了創刊號；但是新報紙打開銷路需要時間，經費來源斷絕，剛開辦就面臨關門破產的危機！

經過多重努力，《國語日報》好不容易接到一筆大生意，台灣省教育廳要印三十萬冊每個字都帶有注音符號的「三民主義、建國大綱」等等，當時全台灣，不，全世界只有《國語日報》社能夠印出這樣的書；王副社長從北平帶來的那套笨重的注音符號鉛字銅模子，派上了大用場。印書的進帳讓報社繼續撐了下去。

語文教育的前輩們成立《國語日報》董事會，台大校長傅斯年兼任董事長，董事們全不領報酬，有人捐出自己的版稅給報社；他們多年作出無私的奉獻，終於穩住了局面，七十多年來未曾間斷的日日出報，蓬勃發展到今天。

《國語日報》是教育部的「棄嬰」。多年來這個棄嬰奮鬥有成：世世代代的台灣孩子，人人爭看《國語日報》，常聽到有人說：「我是看《國語日報》長大的。」此言不虛。讀古今文選，增進語文程度、出版多種書籍刊物屢屢獲獎、年年舉辦少年國語杯桌球賽，培養了多位國手……，貢獻不勝枚舉。

《國語日報》經歷了多般困難，好不容易熬過了頭一年。週年慶快到了，父親說：「咱們雖然窮，還是得好好的慶祝一下，熬過來不容易，再怎麼樣也得熱鬧熱鬧呀！」植物園裡有另一個機構：台灣製片廠。父親認識台製的廠長袁叢美導演，商量好借用他們的攝影棚辦餐會。當晚在棚內擺了十多張圓桌面，設置了一個小舞台，紮起彩帶氣球，大人小孩坐滿全場。

典禮開始，幾位伯伯們在台上講話，爸爸的聲音最宏亮，他感謝大家一年的辛苦工作，我們的語文教育必須繼續下去，《國語日報》是世界的唯一，《國語日報》會愈辦愈好的。又講了幾個在我們家都聽過多次的老笑話，大家卻笑到不行。

爸爸說：「報社一年來不富裕，今天的餐會很簡單，沒有大魚大肉，為大家提供我童年最喜歡吃的年菜。小時候在河北老家過年的時候才吃得到，我們今天晚上就吃這個，敞開來吃，保證夠吃，也保證好吃，謝謝。」

每張桌子中間放了一隻大臉盆，裡面是：大白菜、粉條、豆腐、蘿蔔和塊狀的五花肉熬成一鍋，就這一道菜。

出生在華北農村的父親，童年經歷過多次饑荒，奶奶用糠混入糧食做餅果腹，一家人才勉強活了下來。爺爺給兒子起的學名：壽康，因「糠」而延壽，提醒兒子莫要忘了往年的災難。小時候爸爸每天盼著過年，因為年菜裡才有肉，他童年夢寐以求的肉，就是這個大臉盆裡連皮帶著肥肉，頂部瘦肉只有一小撮，煮到硬得咬不動的東西。

父親安排的北方年菜很不叫座，剩下來一大堆。但是沒人離席，慶祝會很好玩，餘興節目有合唱、口琴獨奏，合奏、老爸吹奏洞簫；就那幾支曲子：〈蘇武牧羊〉、〈木蘭辭〉，又有王子和的嗩吶表演，聲震屋瓦，還有魔術表演。何凡的長子夏一子在現場滿處的竄，拿著別人的樂器試吹，口水噴了一大堆，一個聲音也吹不出來。

最精采的節目是總務處崔淑秀阿姨的模仿表演；她學著社長、副社長、總編輯等人走路、說話的神情、獨特的笑聲、抽菸的姿勢、上下自行車的模樣，維妙維肖，她的表演天才令人叫絕；邊表演邊叫人猜。年輕的羊汝德編輯最投入，猜中了大部分崔阿姨模仿的人物，台上台下互動得非常熱烈。

最後有摸彩節目，爸爸得到一把梳子，可是他的頭髮已經掉得沒有多少根了；編輯部的馬學樅抽到一把牙刷，然而老馬的牙齒已不剩幾顆，他倒是有滿頭的花白頭髮。王馬二人當場交換獎品，全場鼓掌，皆大歡喜。後來有人將這段插曲畫成漫畫，刊登在某一天的《國語日報》上。

爸爸說：「咱們這個週年慶，就叫做窮開心！」

13 馬叔叔思想左傾、倔小子一言九「頂」

哥哥的數學不及格怎麼辦呢？爸爸說他已經找到一位數學挺棒的老師。某日，《國語日報》的校對馬學樅來我們家吃晚飯，他就要做哥哥的數學補習老師。

馬叔叔也是從北平來的，我們跟他太熟了，中年人，看著比較老氣；頭髮花白，臉上有些皺紋，說話會漏風，因為他嘴裡的牙齒所餘無幾。

去報社總見到馬叔叔坐在編輯部的盡頭，忙著在那兒低頭看稿子，用紅筆圈出稿子上的錯字來。我過去跟他閒扯，他抬起頭來一臉笑容，笑的時候眼角皺紋擠出來一大堆。他喜歡同我們這些小淘氣說笑，聲音低沉，一口純正的北京口音；老菸槍，一根接一根不停的抽著。

我常去《國語日報》的編輯部閱覽室翻閱書報雜誌，先看新到的雜誌，讀到有趣的文章，就能增長好多知識；接著看好幾份報紙，連分類廣告也會仔細看。常見到報上有很多「精改包皮」的廣告，用詞大同小異，都是：「包皮過長之害，早為世界知名人士所公認……，導致舉而不堅、堅而不久、陽萎早洩……。」

什麼意思?問幾位年輕編輯,個個都嘿嘿的笑而不答。再去問馬叔叔,老馬也在那兒嗓音低沉的呵呵笑了一陣子才說:「印錯了,是修理皮包的廣告。」

我再用心的看那種廣告,又回去問馬叔叔:

「不對呀!怎麼每個廣告都印錯,而且每份報紙錯的都一樣;印的就是『精改包皮』嘛!」

馬叔叔張開嘴抽著氣的笑了起來,這回看清楚了,滿嘴巴最多只有六顆牙,他說:「回家問你爸爸去。」

晚飯過後,爸爸和馬叔叔面對面的噴菸,說今天請他吃飯是為我這大小子的數學,得麻煩你幫個忙給他補習補習。馬叔叔搖著手說:「我的數學早晾在一邊多少年了,哪兒還行呢?」

副社長請吃飯,當面提出了要求,怎麼好推辭?馬叔叔答應先借哥哥的數學教科書回去讀一下子,過兩天再跟副社長回話,看看自己還能不能混充個數學老師。

晚上聽見父母親說悄悄話,母親問:

「聽人家說老馬的思想左傾,他會不會把我們的孩子帶壞了?」

「教個數學有什麼要緊的呢?」老爸回答:「嗨!這個年頭的年輕人,那個思想不左傾,又能怪誰呢?就怪那些當官掌權的不爭氣!」

以後馬叔叔經常來我們家吃晚飯,飯後就和哥哥一塊兒做數學,有時候做到夜裡九點多，他才回員工宿舍去。

多年後哥哥追憶往事，馬叔叔為他花了許多時間補習數學，他說：

「老馬真的懂點數學，口齒清楚，條理分明，三言兩語就能抓住要點，一下子我就明白了，他比學校那幾個數學老師強多了。只是每次借我的數學教科書回去看，他看過的每一頁，都被菸灰燒出好多個小窟窿來。」

「老馬思想左傾，他同你談過共產主義嗎？」我問。

「沒這個印象，那時候我才十三歲，他怎麼會同我談共產主義？記得有時候老馬不同意爸爸的意見，他就慢慢的搖著頭猛抽菸。」

經過那段時間的緊密補習後，老哥的數學方才跟上了進度，暫時免除了留級的威脅。

老哥升到初中二年級下學期，F班同學的人數穩定下來，好幾個坐在後排搗蛋的大塊頭都轉學了。可是上學期的導師潘子章沒再出現，同學們都挺懷念他的。最主要的是潘老師的口音正，講課大家都能聽得懂。

其他老師各自帶有濃厚的鄉音，開心起來說話速度飛快，一班學生都傻了眼。通常要經過幾個禮拜之後，同學們才逐漸適應個別老師的鄉音。

同學們懷念的潘子章老師去了哪裡？議論紛紛，聽到傳言：潘老師回了大陸，他本來就是個共產黨員；又有人說：潘老師被調查單位請去談話，以後就沒有他的消息。

新來的F班級任老師教美術，講一口浙江話，有時候語調鏗鏘，聽著像是蔣中正在宣讀元旦文告。兩個星期後，我老哥就下了結論：這個老師的程度不行。因為有一次他代課教地理，就照著課本念：「武漢的地理位置重要，控有了通往九個省份的必經之道……。」他把「控」字讀做「腔」；「……古來就稱之為『九省通衢』……」，那個「衢」字又念成了「翟」。同學們問問題，他答不上來，就說：「這麼多問題，可是我只有一張口巴……。」

什麼話，連嘴巴也說成「口巴」！算是哪一門子的老師！

又碰上「舟山撤退」；共軍攻占浙江舟山群島，數萬軍民從舟山大陳島撤到台灣，分配在各學校的教室暫住，建國中學的教室也住滿了人，停課很久。老哥每日不必上學，各處亂逛；書店看閒書、去郵票社研究集郵，很便宜的買到幾張三角形的郵票，開心之極。恢復上課之後，老哥的數學又在及格邊緣上浮沉。沒別的法子，老馬叔叔每天又來我們家便飯，飯後督導哥哥做數學，暫時穩住了局面。

更嚴重的是老哥正進入他的青少年叛逆期，對什麼都看不順眼、態度不遜、言語多帶有侵略性、煩躁沒耐性、脾氣超大的，怒火隨時就會燃起。父親說：「這孩子怎麼現在老是有一腔乖戾之氣？」

青少年成長期的叛逆問題，早年在台灣根本沒有人注意或討論它。誰家的孩子不聽話，是因為父母太忙了，缺乏管教，等他長大了就會好的。爸媽的確都很忙，而且哥哥一向都是模範生，學業、操行成績樣樣都好，雙親經常拿他在親友面前誇獎，做為鼓勵其他小朋友的學習標竿。可是我老哥的那一腔乖戾之氣，又是從何而來的呢？

某晚餐前，忘記了是為一件什麼小事，哥哥與母親頂嘴，言詞愈來愈激烈。媽媽生氣起來就坐在屋子裡不肯出來。晚飯時間到了，父親是不能餓肚子的人，叫大兒子快去屋裡向母親道歉，請她出來用飯，大兒子根本不予理會，父子二人就互相吼叫起來。日本房子沒有隔音效果，爸爸說一句，老哥就蠻橫的頂回去一句，話挺多的，而且愈說愈不堪；老爸氣到不行，說：「這簡直是一言九頂（鼎）！」

母親在裡面完全聽得清楚。紙門刷的一聲拉開，她手持一支巴掌長短的十字架，衝到哥哥面前，突然雙膝跪下來說：「我懺悔、我懺悔，我向天主懺悔，我沒有生下一個好兒子來，我罪我罪告我大罪！」

這個景象真的嚇壞了大家，我失聲哭了起來，哥哥的臉部表情帶著恐慌、懼怕、困惑——，也有快要哭出來的樣子。不知所措的他，扭過身子跑到玄關去，踏上一雙木屐衝出大門。隔了一會兒我跑到門外，看見他身著背心和那條麵粉口袋做的內褲，微弱泛黃色的路燈燈光照著他的背影，在巷子的另一端消失。

我們三個人默默的吃完飯，心裡都在嘀咕，這人到哪裡去了呢？不要緊，他肚子餓了自然就會回家的。

已經很晚了，哥哥還是沒回家。父母親不約而同的開始著急，頻頻問我，他平時比較要好的同學有誰，他們住得遠嗎？父親當機立斷，僱了輛三輪車，請來了同我們家最熟的楊阿姨帶著我去找他。我盡著自己所知道的，想出來好幾個他同學的地址，家家挨著門去問，一律無功而返。楊阿姨累壞了，她說這件事可不得了，應當馬上去報警。

十二點都過了，這麼晚了應當去哪個派出所報失蹤人口呢？就聽見大門口有悉悉嗦嗦的聲音，哥哥疲憊不堪、拉著張苦瓜臉，手中提著雙木屐，赤著腳走進來，雙腿遍布紅腫塊。頓時我們都鬆了口氣，大人沒有責罵他（大概是不敢），母親低聲同我說：「廚房裡有剩菜剩飯。」

我轉告老哥，他依舊繃著臉一語不發，進了廚房迫不及待，就站在那裡大口的吞嚥冷菜飯，看來這人是餓壞了。

第二天放學後，我問他昨晚跑到哪裡去了？老哥沒好氣的說：「穿內衣褲、一雙破木屐、口袋裡一分錢也沒有，還能去哪兒？就在植物園裡亂逛生悶氣：為什麼我有這樣父母？被黑蚊子叮得渾身是包，一隻木屐的帶子又斷了，只好打著赤腳走回來。以後不能這樣毫無準備的離家出走。」

14 課堂上母子混戰

抗戰期間，母親任江西上饒中正小學教務主任，上饒專區主任委員的夫人掛名小學校長，主委夫人很少出現，教務主任曹端群老師其實就是學校的負責人。曹老師辦學校認真，賞罰嚴明，幾年下來，上饒中正小學遠近知名。我們兄弟二人自然就在中正小學就讀，我的級任老師姓朱，她體型胖胖，笑口常開脾氣很好，不時的在班上誇獎我是個好學生。我哥哥覺得很奇怪，像我這樣調皮搗蛋的傢伙，怎麼能稱作好學生呢？可能因為我是教務主任的兒子，朱老師才這樣講。的確，回想起來一生中認為我還算個好學生的老師，最多只有一兩個吧！

來台灣之後，母親在國語實驗小學教美術，每星期上幾堂課，這工作比她抗戰時期在戰亂中辦學校，輕鬆得多了。她上課時戴著一副銀絲邊正圓形眼鏡，拿著一支教鞭，態度一貫嚴肅。她先教學生用鉛筆畫線條：直線、橫線、斜線、圓圈等等，每天畫好幾頁交上去；還教我們用透視的方法觀察靜物。閉上左眼，伸直右臂，右手握住一枝豎立著的鉛筆，以右眼觀察前方，這樣就能看得出靜物的立體形象來；寫生的時候就按照觀察到的立體形象，如實

1945年江西上饒中正小學，母親（左）和朱老師。

的畫出它的遠近大小。凡是母親在國語實小教過的學生，都很清楚的記得這兩樣事。

鄰座的女生叫「狐狸精」，這個綽號應當是我取的。兩個人共用一張教室的課桌，中間畫了一道線，彼此不可越界。狐狸精老是抱怨我的胳臂跨越了中線；她立了個規矩：以後再越線，她就用尺子打。我說可以，但是如果她的手跑到我這邊來，我也要打。每次我的肘子不小心越界，她就死命地以尺子敲下去，火辣辣的疼。有好幾次她回頭同人講話，比手畫腳的，手臂都快要碰到我的頭了，我可是從來沒怎麼樣。後排的大男生公認她是班上最漂亮的女生。

狐狸精最會向老師撒嬌，上課不守規矩，總是不舉手就發言，但是從來沒被罰過。這人天生愛抱怨，開了窗嫌風大，關上窗又說熱。半個學期過去，大家的福州國語已經琅琅上口，狐狸精還在那裡說聽不懂游老師的怪腔怪調，簡直胡說八道，所以我有點不大喜歡這個人。

有一次上美術課，發現狐狸精在一疊紙上畫線條，畫得很用力，又不停的整理那一疊紙。古怪咧！原來她鋪上六七頁複寫紙，夾在好多張白紙中間，在那裡使勁畫，每一筆都畫得很重，好幾次用力過猛蹦斷了鉛筆頭。這樣子畫只要畫一張就作好了幾頁的圖畫線條作業了。我低聲說：「你以為自己很聰明，這樣子畫線條當然很省事，但是你在作弊，我要告老師。」

狐狸精慌亂的想蓋住那些紙，哪裡來得及。然後我看見她瞇起眼睛對著我美美的笑起來，她忽然變得真是很好看、很可愛；又聽見她低聲柔柔的說：「你不會告訴曹老師的，是哦？不要告曹老師喔！好了哦！」

聽得我心裡酥酥麻麻的。當然不會告訴老師，誰叫她笑起來那麼好看呢？狐狸精並不常常對我笑或輕聲細氣的講話，通常她還是凶巴巴的，臉也很臭。然而後排大個子們講的有點對，她真的是班上最漂亮的女生。之後我對狐狸精開始有了好感，總希望見到她那種溫柔的微笑。

透過複寫紙畫出來的線條是藍色的，怎麼混得過去？我想學生的作業太多，母親大概沒有仔細的一張張去檢查，也可能媽媽年紀大了，開始有了老花眼，分不太清楚顏色？

曹老師帶我們全班去植物園寫生，每人畫一棵大王椰子樹。我們幾個頑皮鬼到了植物園就不見人影，東奔西竄的玩起遊戲來。一節寫生課很快的就結束了，光顧了玩耍卻沒畫什麼出來，怎麼交代？

林宏蔭的美術天分在班上屬頂尖的了，曹老師屢次給他最高分。每次出外寫生，林宏蔭就很認真的在那裡畫，畫得又快又好。焦急之餘我發現宏蔭畫了兩張，線條和顏色都很藐人，我說：

「多的那一張就給我吧！」

「不好耶，讓曹老師發現了怎麼辦？」

「什麼呀？大王椰子樹長得都是一個樣子的。」

他給了我一張他覺得畫得比較差的，但是我看那張也畫得挺好，快快的把自己的名字寫上繳卷。

下個星期的美術課，母親發回每位同學的寫生大王椰子樹，她一張張的作講評，當然又是林宏蔭畫得最好，得了甲上。我在座中暗自期待，那麼宏蔭畫的另外一張上面有我名字的椰子樹，至少也應該得個甲吧！

沒料到母親，不，是曹老師一臉嚴肅，大聲叫我和林宏蔭的名字，我們站了起來。曹老師詢問我們兩個人是不是在作弊，將林宏蔭畫的椰子樹當作王正方畫的？宏蔭的臉一下子紅得像猴子屁股，他哪裡會說謊，急起來的時候就說煙台話，賴不掉，一五一十的都招認了。

可是母親怎麼知道的呢？記得她曾經說過：每個人的畫就和他的長相一樣，沒法子冒充的。曹老師訓了宏蔭兩句，就叫他坐下去。我的案情嚴重，作弊是件大事，姑念初犯，整節課被罰站在牆角。糗斃了，特別是狐狸精老朝著我這邊看，她臉上帶著輕蔑嘲弄的笑容。

母親這幾天的心情一直都很壞，每天在家裡數落我；成績不好、下課不回家，在植物園玩到天黑、睡覺前總忘了刷牙、早上起不來……，其實這都是我每天在幹的事，也算不上什麼重大過失。

那陣子真正令媽媽不開心的是另外一件事。有傳言：《國語日報》某女職員，胸部很大，經常到王副社長的辦公室裡去「塞廼」。（日後我的台語大有進步，才知道台語的「塞廼」是撒嬌，不是「塞奶」。）爸爸多次堅決否認：「哪裡有這種事情，我每天忙到喘不過氣來，蓋圖章蓋得我手指頭快要腫起來了！」

我認為母親找不到真憑實據，無可奈何，心情惡劣，就在我這個頑皮鬼的頭上出氣。罰站罰到腳後跟開始痠疼，不能講話憋死人的，我就和林宏蔭、楊子綱他們打手式。這兩個傢伙在座位上也同我胡亂比劃，看不懂他們是什麼意思。彼此之間的手勢動作幅度愈來愈大，全班都注意到了，後排的先是偷笑，後來引起許多同學的笑聲，根本沒人在聽曹老師講什麼。母親發現又是我在領頭搗鬼，厲聲申斥，要求全班肅靜，接著再重重的說了我一頓。

不知道為什麼，我一時忘記自己是在學校的課堂裡，突然使出平常在家裡耍賴的那一套來，坐在地上連哭帶喊的，雙腿蹬來蹬去，上演了一幕哭鬧撒賴的活劇！這是五六歲小孩的無賴把戲，我當時都快十一歲了。

同學們個個看傻了眼。母親收拾好桌上的東西，深深的嘆了一口氣說：「這節課我教不下去了！」她提早下課離去。

當天晚上，老爸了解了這個事件之後說：

「坐在地上撒賴，偶爾關上門在家裡耍一次就夠丟人的了，母親處罰你有什麼不對了？怎麼還在同學面前表演這一套，多寒磣（註）哪！上學要學好樣兒的，千萬別跟著那些當官的

註：寒磣，華北用語，指羞愧見不得人；或寫作「寒傖」。

學，他們最會當著大眾脫褲子，你來的這一套也差不多了，呵呵呵！」

我們家沒有體罰，那不是王府的傳統，老爸的言語犀利，他只須輕描淡寫的講你幾句，當時難受得無以復加，事過境遷再想起它來，又覺得老頭子說的話「在理」而且幽默，這比挨打有效多了。

這是我一生中最丟臉的一件事，狐狸精對我的這種表現，作何觀感？想都不敢想。以後在狐狸精面前，我根本就抬不起頭來。

後記

四十多年後，在美國舊金山灣區參加國語實小同學會，大家暢談從前的大小趣事，歡樂無比。同班同學呂其康，記憶力超人，當著上百位校友，就把我的那齣不忍卒睹的「美術課堂上母子混戰」大戲，生動又帶點誇張的講了一遍，內容精確、巨細靡遺，好幾處我已記憶模糊的細節，小呂將它一一還原。事隔數十年，在穿越萬里外的太平洋彼岸，小呂講述完畢，全場為之鼓掌爆笑。豈止是「壞事傳千里」，這樁醜事已橫跨太平洋，超越時空，成為大眾的集體記憶了。

15 張老師的子弟兵

升到國語實小六年級乙班，級任導師是張書玲老師，她戴著一副黑框大眼鏡，一頭長髮垂到腰際，就在腦後紮起一條又黑又濃密的大長辮子。忘了是哪位同學（可能是我）給她取的外號是「張大辮」，故意不念出來那辮子的「子」字。

第一天上課，張老師的表情嚴肅，立下許多規矩：在課堂上先舉手後發言、作業準時繳，遲繳的扣分、做人必須誠實，不可以說謊……還有很多，事隔數十年記不全了，主要是因為我們不守規矩的事件很多。

沒有同學怕她，因為她很愛笑。常在課堂上亂講話的就是我，每次趁機會胡說一句，惹得大家一片哄然，張老師也跟著笑，她略為豐滿的臉龐，笑起來眼睛擠成兩條細縫，然後恢復了幾分嚴肅，問：

「又是誰不舉手就發言？」

我們的導師張書玲。

全班再起了一陣嘻嘻哈哈。

不用兩天，張老師就把班上四十幾個同學了解得很透徹。改選班長和其他股長，張老師提議由我來當康樂股長，順利當選，可謂知人善任。

我最喜歡講故事比賽，每回上去胡掰一段，大家都聽得挺開心。瞿樹元是班上品學兼優的頂尖學生，但是不太習慣在眾人前講話，有次上去講故事，他囁囁嚅嚅的說：

「從前有一個人……，下面沒有了。」

老瞿就點點頭回座去，同學們都沒反應，超尷尬的。張老師打圓場說：「他講得也滿有哲理，人到了最後都會沒有的。」老師接著鼓勵大家要努力學習，做個有用的人。

事後我問瞿樹元：

「你講的故事究竟是什麼意思呀？」

「嗨！那是清朝紀曉嵐的故事；有個太監堵住紀曉嵐，非要他講個故事不可，紀學士講了這兩句就走了，留下那個太監在那裡發愣，然後才會過意來，原來紀學士是在消遣太監，宦官的那話兒不是沒有了嗎？」

一同爆笑，我說：「這姓紀的真缺德！」

瞿樹元超級厲害，十歲就能閱讀古文傳奇，自修代數，和我們幾個天分不怎麼樣的小子下圍棋，通常可以讓四到八個子。

放學後，好幾個住在附近的同學們經常到我家玩，父親最愛熱鬧，見到家中有這麼多歡蹦亂跳的小朋友就特別開心，他也會過來同大家說笑。有一次他說：「說個謎語給你們猜猜看：謎面是蔣介石，打一個你們都知道的人名，捲簾格。」

老爸出的謎語都挺難的，「捲簾格」是說謎底要倒過來讀，方才符合謎面的意思。譬如說：涓涓細流，打現代一將軍名，捲簾格。謎底是徐源泉，曾任裝甲兵司令，他的名字倒過來讀是：泉源徐，一道泉水的源頭慢慢流出來。

那麼蔣介石這個謎面該怎麼猜呢？大家都愣那裡，根本不知道從何想起。瞿樹元的眼睛轂溜溜的轉了一會兒，不到一分鐘他說：

「謎底是王正中！」

父親鼓掌叫好。王正中倒過來念：中正王，就是有個名「中正」的人稱王了。所以我一直認為，瞿樹元是我所有同學中智商最高的一位。

每天家裡傭人給他送午飯，飯盒講究，上下至少三層，嚴嚴實實的緊緊扣住；最上層放菜、中層是湯、下層大盒子裝的是飯。打開飯盒就藐死人了，熱氣騰騰香味四溢。其他同學的便當盒，一大早就塞在書包裡，中午拿出來涼兮兮、硬邦邦的。班上有同學說：

「瞿樹元每天吃的是大便當飯、小便當菜。」

當年寫作文、週記，都必須用毛筆寫小楷，磨好墨攤開作文簿子，每個字工工整整的寫在格子裡，一週寫一篇作文和週記。上作文課我都不知道該寫什麼好，和同學講話、寫紙條子傳來傳去、混鬧，一下子時間過去一半，才忙著趕時間匆匆寫去，墨色濃淡不一，字跡潦草，繳上一篇了事。

張老師改作文非常仔細，她很細心的讀每一篇、改正我們的錯別字、標點符號用的不對、文法錯誤、意思的顛倒不順暢等，她都一一的挑出來，用紅筆勾上，把正確的字和標點符號寫在旁邊，篇末總有一兩句評語，還打上分數。若有一兩句她喜歡的，就在邊上打圈圈。得過不少圈圈之後，我就比較用心的寫作文了。張老師每次發回作文或週記的時候，同學們都很期待，盼望著能得到比較好的分數和張老師的誇讚。

坐在我另一邊位子上的同學名叫高準，他的作文很好，每次到下課時也寫不完，張老師看看他寫的內容，就叫他帶回家去寫完了再交上來，高準的作文每次都能拿八十幾分的。我的作文和週記一般都拿不到好分數，因為我寫小楷缺乏耐心，每個字大小不一，好多字會寫到格子外面來，錯別字也不少。不但如此，我的國語雖然比其他同學標準，可是有時候粗心大意，沒看清楚那個字就胡亂念起來，念白字真的挺丟人的。

在《國語日報》閱覽室找到一本《東周列國誌》，看得很來勁。高準也看過這書，兩人就聊開了。當時東周北方的敵人是「犬戎」異族，屢屢入侵中國。我沒有把犬戎兩個字看的仔細，就將它念成了「犬戒」。兩個人來來回回的說了一陣子，高同學才發現我在念白字，立刻說：

「啊！丟臉耶，犬戎念成犬戒，白字大王。」

我回到閱覽室翻書再看它，人家沒說錯，真的是個「戎」字，太丟臉了，看書不認真，一個字少了一筆當然就不一樣了！

第二天上學見到高同學我心裡還是不痛快，就指責他上課的時候老偷偷的放「蔫兒屁」！那是什麼東西？就是那種一點也不響但是帶有持久性惡臭的屁，我坐在他旁邊經常聞到。然後我們互相指責，究竟是誰在放「蔫兒屁」，到今天還是沒有定論。

後記

高準老兄的文學根底扎實，他讀中學時，就在台灣各報章雜誌發表了許多文章，也是位知名的現代詩人，出版過很多冊新詩詩集。

一九七〇年代中期，他曾經在台灣與好友陳鼓應、張俊宏等年輕才俊倡導鄉土文學，為執政當局所不容；指示某些「御用文人」撰文批判，說這些人實際上在推動「工農兵文學」，與對岸的共匪隔海唱和，紅帽子壓頂，長年來老高被台灣執政當局認為是親共分子，但是並無真憑實據。

他的繪畫也非常出色，小學畢業前大家在彼此的紀念冊上留幾個字，高準為我畫了一幅彩色小畫：一個少年在澆花，名曰：「努力惜春華」，十二歲的小朋友，筆下甚有豐子愷的畫風。到現在我還留著這幅小畫。

某次他參加救國團舉辦的年輕藝術家寫生，大家正在山野間找了個地方作畫時，蔣經國先生出現了，就站在高準的畫架前做親民講話，老高起立應對，談了幾句老高就說：「請別擋住光線，我要繼續作畫了。」

經國先生只好離開。

這簡直就是希臘哲學家第歐根尼與亞歷山大帝對話的翻版：「我在曬太陽，你不要擋住陽光。」

多年後高老兄宣布選總統，記者問他為什麼要競選呢？高準的回答：「蔣經國經常穿件夾克，我平時也愛穿夾克。」

一九八〇年代末期，台灣解除戒嚴令，准許民眾赴大陸探親。開始的時候去大陸的人不多，高老兄自美國去上海、北京等地旅遊了一圈，回到台灣提筆寫下一篇洋洋灑灑的「神州之行」，但是苦於在台灣找不到可以刊載此文報紙或雜誌，大概是因為剛剛解嚴的台灣媒體，多數還在觀望風向，不敢冒險登這種具有爭議性的文章。當時我在台北辦事，正待回紐約，上車去機場之際，高老兄前來找我，見了面就說：「你在美國多年，一定和那邊的華文報紙雜誌都很熟，我這篇稿子你能不能在紐約找地方發表一下吧！」

哎呀！小事一樁，Consider it is done。隨手就將高詩人的大作放在手提皮箱內。

那天中正機場的出境檢查特別嚴，手提行李必須一一打開來看。我的手提〇〇七公事箱打開來的最上面就是老高寫的「神州之行」，檢查員很有興趣的拿起來看，讀了幾行，他問：「這個高準是你嗎？」

「不是我。」

「他有去過大陸？」

「哦，我想是吧！」

我被帶到一個小房間裡接受單獨問話。一位階級較高的海關人員很有禮貌地請我坐下，然後他專注的慢慢讀那篇文章，我頻頻看手錶，因為距離起飛時間不多了。急也沒用，高準兄的文章從小時候起，就寫得特別長。許多年前怎麼會料到，他的長篇大論竟然會誤了我的飛機！

自幼在白色恐怖下長大的我，面對身著漂亮制服、代表威權的海關官員，下意識中只在不斷的提醒自己：要謹慎從事。半晌他讀完了，抬起頭來問：「這個高準同你是什麼關係？」

說來話長，難道要從我們自幼同學、互相放「蔫兒屁」那一段開始講？我簡單回答：「我們是同學。」

想來案情並不嚴重，官員看完文章將它還給我，點頭放行。沒有錯過那班飛機，遺憾的是時間緊迫，無法去貴賓室吃一碗熱騰騰的牛肉湯麵。

16 毀謗我老哥的作文，老師說好

我的作文在張老師的指導之下，出過一次鋒頭。某次上作文課，張老師在黑板上寫「自由題」三個字。同學們糊塗了，這是什麼作文題目呀？張老師說：

「隨便寫什麼都好，寫出你們心裡最想寫的東西來。」

同學們個個愁眉苦臉起來，該寫什麼好呢？這對我來說真的太好了，因為平常的作文題目都是：寒假生活回憶、圓山動物園遠足記、慶祝國慶……什麼的，寫來寫去都是那一套，最後一段總得來個「制式」的結論：我們要反攻大陸，解救受苦受難的同胞；煩死人了，這篇作文我可以講點不同的東西囉！

自己訂了個題目：「我的哥哥」。於是可以寫的東西就太多啦！在我們家裡，他的成績永遠比我好，而且好很多；知道的事情又比我多、塊頭比我大，打起架來哪裡是他的對手？後來我的象棋很有進步，兩人下棋互有輸贏，再過一陣子，我贏的次數比較多了。老哥就耍賴皮，老是走悔棋，或是他快被將死，便拖著不走下一步，拖到要吃晚飯了，這人就伸手把棋盤攪亂，然後說：「和棋紅勝。」

搶菜更不是他的對手；在那個年月，一盤菜中只有若干塊肉，切成細條，瘦肉、肥肉、肉皮連在一起，我家老哥發展出一套特殊技能，筷子伸出去夾肉，只要那麼一扭一轉，單單把瘦肉擰下來，快快的一口吃下去。

最惡劣的是他老愛玩那個「蜘蛛下探」的把戲！力氣比我大，將我的四肢按住動彈不得，嘴中弄出一條口水來，慢慢的朝著我臉部緩緩下墜，就像一隻蜘蛛吊在一根蜘蛛絲上往下探路。他還會略略的吸口氣，口水便往上縮回去一點，接著又朝下走，愈來愈接近我的臉部，緊張萬分！最後的結局就不用問了。種種惡劣行為，實在應該予以嚴加譴責！寫得十分順暢，一下子就有好幾頁了，下課繳卷。

發回作文的那天，我心中忐忑得厲害，寫了那麼一大堆亂七八糟的事，它能算是篇作文嗎？看來一定會被張老師訓一頓。張老師發完了所有其他同學的作文本子，然後說：「有個同學這次寫的最有趣，現在我念給大家聽聽。」

念的就是我「毀謗老哥」的那篇東西。哎呀！多不好意思。她讀了一遍，中間還止不住地笑了好幾次，然後獎勵了我一番：「作文就要這麼去寫，按照心裡想的去寫，一定會愈寫愈好。」

坐在位子上心怦怦的跳，自小就是個挨罵、被罰站的頑皮學生，頭一次在班上當眾被老師誇獎；興奮得簡直坐不住，同學們聽得很樂，一路笑聲沒停。幾位漂亮女生：狐狸精、宋美人、董小宛等，都回過頭來看我，刷的一下子臉通紅。那是童年最難忘的一次記憶。

張老師走過來，把作文簿子放在我桌上，瞥了一眼，篇首有紅筆打了個前所未有的八十七分。下課後，班上最漂亮的女生狐狸精，過來笑瞇瞇的說：「王正方，你的作文給我看看好嗎？」

她是那樣和顏悅色的同我講話，由不得心裡美吱吱的，信心大增，說不定以後我可以成為一個名作家吧！

我問張老師：「把這篇作文投稿給《國語日報》好不好？」

「這篇太長，你再繼續寫呀！寫好了先給我看看，還有，投給《國語日報》的文章，應該寫得嚴肅一點。」

我當然了解，那篇是講我與哥哥在家中吵架胡鬧的事，好笑好玩，但是有的編輯先生可能認為不妥當，張老師怕我首次投稿就被退回，承受不了那種打擊。

我的第一篇投稿刊登在民國三十八年（一九四九）十月二十四日的《國語日報》，張老師拿那份報紙給同學們傳閱。題目是「守法的張釋之」：

漢文帝的時候，有個廷尉（那時候的司法官）姓張，名字叫釋之，他不管辦什麼事都很認真，漢文帝常常誇獎他會辦事。

一次，漢文帝坐著車到外邊去玩兒，他正經過一座橋的時候，忽然大橋底下跑出個人來，馬嚇的一驚，跳起多老高來，差點兒沒把漢文帝打車上翻下來掉到橋底下去。漢文帝立刻就叫人把那人逮住，交給張廷尉審問，重重的辦那人的罪。

張廷尉一問那人，才知道那人並不是故意的。他就按照法律罰了那人一點兒錢，把那人放了。漢文帝知道了很生氣，說：「那人犯了那麼大的罪，怎麼只罰了點錢就放了呢？幸虧那匹馬老實，要不然馬驚起來還不把我打車上翻到橋下去摔死啊？」

張釋之說：「國家的法律是皇上和人民都應該遵守的，按照國家的法律，那人應該罰錢。如果不按法律，您乾脆就把那人殺了好了，為什麼還要我交給我按法律審問呢？如果我不按法律辦，人民就都不相信法律，不服從法律了。」

漢文帝一聽他說的有道理，也就不再追究這件事情了。

小蘿蔔頭子講了一篇「法律面前人人平等」的大道理，我哪裡有那個學問？是瞿樹元看《資治通鑑》，讀到這段故事，同我們開講了一通，我事後琢磨著寫成這篇稿子，張老師看了之後刪掉許多廢話，寄去沒多久就見報了。

小學畢業後一年多，我和瞿樹元幾個回國語實小拜望張老師，她送給每人一份禮物；我得到的是用彩色紙包好的一個厚本子。回家打開，封面有「現代日記」四個藝術字，第一頁寫著：

「把你心中所蘊蓄的都流露出來吧！給正方。」

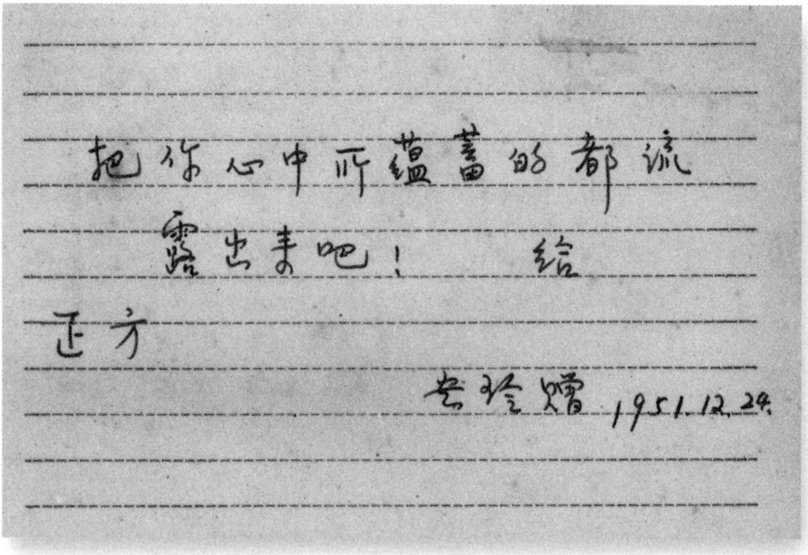

把你心中所蘊蓄的都流露出來吧！　給

正方

[illegible]珍贈　1951.12.24.

1951年張老師給我的留言。

後記

這個日記本我一直還留著，偶爾翻開來看看；最初幾個星期寫得字跡工整，然後愈寫愈短，字跡潦草，錯別字一堆。經常有一段日子什麼都沒記，然後寫一段自我譴責的話，立下志願，發誓要再接著寫起來。日記本只用了一半，餘下的空白紙頁早已泛黃。這太辜負張老師對我的一片希望了，「日記」就是得天天去記，怎可以三天打魚兩天曬網的，我在這本日記簿上的表現，簡直就是一曝十寒。想起來父親常說我的那句話：

「無志之人常立志，有志之人立志長。」

數十年來，我在海外討生活，斷斷續續的以中文寫作；也曾給幾家華文報紙寫專欄、短篇小說，還寫過唯一僅有的長篇小說，在香港某文學雜誌發表。後來曾匆匆的又讀了一次那篇小說，衝動的止不住想將它改寫。混飯吃的營生占了大部分的時間，哪裡能抽空專心寫作。

曾醉心戲劇表演，在美國舊金山參加業餘劇團，同儕認為我可以寫劇本，受到鼓勵便一發不可收拾，寫過十數個中英文長短不一的舞台劇劇本，而且得以一一演出，見到自己寫的文字故事，能在舞台上活生生的演出來，頗有成就感。

投身電影製作，演員、編劇、導演、監製等工作都幹過，覺得自己最擅長的還是撰寫劇

張老師說我的糗事。

本，用心的講出有趣動人的故事來，再轉化成一幕幕的視覺影像，觀眾目不轉睛的看下去，我彷彿幹出了點叫人開心滿意的正經好事兒！

或許張老師沒有看走眼，當年在她班上那個上課亂講話的渾小子，別的都不行，但是還會寫個故事什麼的！

半個世紀之後，我在台北出版一本新書，特別邀請張書玲老師出席新書發表會。那天來的賓客很多，還有電視媒體來採訪。

發表會上，我為大家介紹了張老師；是她當年褒揚了我那篇「毀謗」老哥的作文，首次確立我日後成為作家的信心。在此感謝老師，我預備了一份禮物獻給她：是張老師早年在送給我的那本日記簿上的題字，複印後放大，裝在一個鏡框裡。

張老師完全不記得她曾經送給我一本日記簿，更不記得在上面題過什麼字，仔細看了看，鏡框內的字是：

「把你心中所蘊蓄的都流露出來吧！給正方。」

的確是自己的筆跡，她熱淚盈眶的接過鏡框。張老師拿著麥克風，滿頭白髮但記憶力不衰，在新書發表會上講起當年的許多趣事糗事，這回輪到我在那裡擦拭眼淚了。

17 究竟是總統「視事」還是總統「逝世」呢？

哥哥的數學成績暫時維持住在六、七十分上下，沒有立即的危機，但是他的英文考試成績也很不好看。爸媽為此十分焦急，我們家的模範生竟然墮落到這個地步，二位學教育的父母，面子要往哪兒放呀！早期的台灣，很少有請英語家庭教師的事，因為通曉英語的人不多，即便找到合格的老師，誰有那個預算？克難時期，每月收入只夠一家人的溫飽。

某日晚餐，爸爸吃著一碗熱湯麵，突然放下筷子，以右手拍打額頭，大聲的說：

「請王大爺給他定期上英文課不就好了嗎！」

我哥聽了這話，開始表情僵硬，然後面色悽苦，他沒有說什麼，誰叫自己的英文成績不好呢？私下裡老哥偷偷告訴我，以後的日子怕不好過了。

王大爺，一位道地的「爺」，經常來我們家和父親聊天，留著一把山羊鬍子，臉上總帶著嘲諷的笑容，言詞鋒利，常作一針見血的評論。他早年畢業於北京師範大學英語系，一九四六年就來到台灣推行國語，是爸爸的學長，要恭稱他「王大爺」。我們兄弟二人對大爺敬畏有加，清晨上學，在路上見到王大爺迎面而來，就停下來向他深深一鞠躬，大聲的說：「王大爺早！」

王大爺笑瞇瞇的還一個彎身十五度的回禮，這是他最為和藹可親的時候。

「王大爺的英文倍兒棒，因為他早年在北平的時候，曾經和一位美國女朋友同居好幾年。」爸爸說：「要想精通一國語文，就非得有一位說外語的愛人不可，長時間的關係密切，耳濡目染，才能學好道地的外國語文。」

我們很喜歡聽王大爺、爸爸、梁伯伯、夏伯伯他們幾個人在客廳裡談話；語音正、聲調鏗鏘、妙語如珠、引經據典的說笑，特別有學問。他們關上門窗、自己人閒談時批評時政：這兒的言論不自由、以保密防諜為理由，隨時抓人入獄，不審不判、達官顯要們貪婪無能、趾高氣揚等等；語下不留情，一一痛貶：

「XXX部長，他的名字聽起來就是個『屁簍子』，整天說話像在放屁，眼睛只看到三吋遠的地方。」

「對！此乃鼠目寸光。」

「聽聽這口號：主義、領袖、國家、責任、榮譽。領袖擺在國家的前面，所以咱們非得喊領袖萬歲不可，要不然這個國家的氣數就不長了。」

「上次我聽見有人喊：救國團萬歲！一萬年之後咱們還得救國？」

王大爺工作之餘，在螢橋小學教成人「國語學習班」。那時候全台灣學習國語的人很多，王大爺的口音正，文學底子深厚，他開的班一律非常叫座，有人滿之患。適逢蔣公復行視事，王大爺告訴父親在班上講課的情形：

「我在班上教學生發音，大聲跟著我念『總統視事』，他們練了好多遍。問他們懂它的意思嗎？都說懂了。我又念了一遍，再問：你們懂它的意思？那不是同一句話嗎？不對，我在說：『總統逝世』；這人究竟在辦公上班還是已經作古了，你們一定得弄清楚。」

「還有個例子：『保衛大台灣』；四聲讀不準就成了：「包圍打台灣」。學國語首先就得克服四聲上的障礙。」

爸爸最怕聽他這一套，也為老朋友擔心，頻頻勸說：「幹嘛老是說這些敏感的句子？惹上麻煩可怎麼得了哇！」

大爺愈說愈來勁，又來了一段自己編的四聲練習；四個字一組的成語，第一個字是第一聲、第二個字第二聲，三字第三聲，四字第四聲，教學生反覆練習：「三民主義、虛情假意、追隨領袖、妖魔鬼怪、雞腸狗肚、斯文掃地——」

王大爺極富語言天才，英語流利自不在話下，還能說閩南語，或稱之為台灣話。在眾位國語推行委員會的委員中，除了本省籍的洪伯伯之外，唯獨王大爺可以流暢準確的講台語。王大爺來到台灣的那一年，已經五十歲了，還能下功夫掌握好另外一種和自己母語完全不同的方言，實在令人佩服。

每週一三五，父親在中國廣播公司有固定節目：教國語；他讀一段《國語日報》上的文章，再略作講解；旁邊有林良，他是福建廈門人，《國語日報》的年輕編輯，以閩南話再講一遍。我曾經建議：爸爸這麼忙，以後就請王大爺去做這個節目，國語台語一個人輪流的講，豈不方便？爸爸深深以為不可，就怕王大爺在電台上說得興起，順口又來幾句什麼：「總統視事、總統逝世」的怪話，大家都要吃不了兜著走。

王大爺是從哪裡學台灣話學得如此流利、亂真，誰也猜不到，成了一個謎。有一次他向爸爸吐露了真言：一個人過日子，閒來無事常去萬華寶斗里聽故事，那地方人的台灣話鄉土味濃，最富生命力。

寶斗里是台北著名的風化區。爸爸認為王大爺隻身在台，無親無故的，個人行動不受拘束，去哪兒都沒關係。可是就有無聊愛管閒事的人，私底下閒言閒語的；有人說在某個風月場所見到王大爺了，打情罵俏的好熱鬧，不像為人師表的樣子。這類閒話有陣子還傳布得挺厲害。

某夜，王大爺單獨來找父親聊天，聊到半夜，聲音愈來愈大。我睡著了也被他們吵醒。聽見父親在勸他：

「有人說最近你老去寶斗里那邊——是不是可以——這個——檢點一下，免得讓人傳無聊的閒話。」

王大爺的反應激烈，提起嗓門兒來質問：

「是誰說的，他在哪兒見到我了？」

王大爺著急起來，他的嗓音就自然的高上去八度，然後又聽見他高聲的說：「我就不相信，兩個人的生殖器互相摩擦摩擦又有什麼關係！」

當年王大爺和爸爸在北平念大學，都受到五四運動的衝擊，思想特別自由開放。日後王大爺的這句話成了我們哥兒倆性教育的啟蒙經典名句，對於「相互摩擦摩擦」這件事，懷著無限的憧憬與嚮往。

每週兩次，哥哥帶著英文課本、練習簿子，去附近王大爺家補習英文；他說簡直是最為痛苦的煎熬。因為王大爺幫老朋友的兒子補習英文是面子事兒，不收費用，積極性就不高。上課時這大爺總是沒精打采的、呵欠連天、衣冠不整、心不在焉的隨意看看老哥的課本，聽聽發音，叫他做幾個練習題，糾正錯誤。自己忙著做其他的事：泡上杯茶、吃花生米、嗑瓜子；又無所顧忌的伸手在褲襠裡亂掏一通。那個年月串門子的不速之客多，訪客突然出現，王大爺很開心，忘了他的學生，同客人有說有笑，談的高興便拿出酒菜來又吃又喝，到了鐘點就下課，我老哥如釋重負的回家。

他對學生犯錯誤的容忍度極低，若同樣錯誤重複出現，一律厲聲苛責之。星期三Wednesday這個字老哥總是拼錯，王大爺吼道：

「難道你要念它『歪的捏死day』才拼得出來嗎？」

英文的介繫詞不容易掌握，老哥老把live in說成live on、live at……，犯錯數次之後，王大爺火氣上升，音調提高八度的大聲喊著：「Live in、live in、live in……。」嚇壞人的。

補習了幾個月，王大爺說事情太忙，以後別來上課了，老哥自此臉上開始有了點笑容。

跟王大爺學英文，成績進步了嗎？說不上來，但是我老哥經過了這次的磨難，好像澈底覺醒了，每天瞎混算個什麼呢？下定決心，確立生活方向：改變生活方式，必須好好用功，清晨死背英文單字，勤做練習；只要分數考好一點，就不必隔兩天到王大爺那裡忍受他的尖聲責罵、吼叫兩小時。

王大爺激發了我老哥發憤圖強的信念，痛苦的經驗發揮了正面效果。老馬叔叔幫助了老哥釐清代數上的困難，下個學期的幾何課老馬自認無能為力，幫不上忙了。但是哥哥學幾何似乎沒大問題，努力自修英語也有成效，一路過關斬將；哥哥自此恢復了並維持住他的模範生身分。

許多年後，老哥回憶建國中學初中部的往事，他說：「初中二年級是個重要的關卡，老馬叔叔對我的幫助最大，王大爺發揮了另外一種作用。建中還有一位趙瑞丞老師，不管我的成績多麼糟，趙老師總不認為我是個壞學生。有次考試，趙老師網開一面，給了我六十幾分；還有一次代數補考，趙老師監考，站在他後面不斷的指點提醒，得以過關。這樣子才勉強升上初三。」

初三上學期他突然自我鞭策發憤圖強，每天晚上K書到半夜，母親擔心他的身體，次次以南昌話的腔調提醒他：「王贊粽（王正中），十一點了，睏覺嘍！」

老哥不理，繼續熬夜，不到一個學期，他成為建中初三F班的第一名。他說：

「趙瑞丞老師是我的恩師，他對我的信心救了我。後來趙老師離開了，但是我從來沒有好好的謝過他。」

這個轉敗為勝的過程極其重要，自此他的學業成績總是全班第一；上了建國中學高中部的保送班；三年下來每科成績都拔得頭籌（除了體育只有六十幾分），以建國中學高中第一名畢業生的成績，保送進入台灣大學化學系。

實在不像話，你說我這做弟弟的，每日面臨這種壓力，如何苟延殘喘？

18 險些做了川端橋下鬼

台灣氣候炎熱，春夏秋三季的好天氣幾乎都可以游泳。那時的台北市，只有一個東門公共游泳池，通常一眼望去池子裡人擠人的，就像煮著一大鍋餃子。

國語實小的同學之間傳出消息，警察學校有一個廢棄的游泳池。某日下課後，我們幾個人去了那裡；游泳池很大，池水放掉一半。不由分說，大家光著屁股跳下去玩水，胡搞瞎鬧好不開心。某同學說會游蛙式，雙臂划動兩腿蹬水，有模有樣的。天快黑了，一個個匆匆穿上衣服回家。以後我們經常去。廢游泳池無人管理，池中的水慢慢變綠，長出許多漂浮的水藻來。

又發現了一個田邊的池塘，距離學校不遠，它是一個供灌溉用的蓄水池，面積不大，水不深，表面平靜，看起來很乾淨。我給這地方起了個名字叫「河套」；取自那句「黃河百害，惟富一套」的諺語。地理課本上說：黃河通過綏遠省（現今內蒙地區）做了兩次九十度的轉彎，其中在河套地段，建了大規模的水利灌溉，農產豐富。

趁著中午休息的那段時間，十來個男同學幾分鐘就吃完便當，一起溜出去到河套游泳，誰也不穿游泳褲，太奢侈了，便裸裎相對。整個池塘的水最深的地方才到肩部，完全沒有滅頂的危險，玩得忘了時間，聽到遠處學校的下午上課預備鐘響起，大家才匆匆穿上衣服往學校奔跑。

真正會游泳的同學只有周立，點子王當然什麼都會；還有個傢伙叫黃狗，因為他只會游狗爬式，身後的水浪踢起來很高。其他同學就照著他們兩個人的樣子游幾下，兩隻腳多數時間還是踩在池底的泥地上，比賽在水中閉氣，看誰閉得最久；我們最喜歡玩的是打水仗、水中疊羅漢。

某次池中出現水蛇，蛇的前進速度很快，牠的頭略略冒出水面，蛇頭的寬度在水面上畫出兩條筆直的線來，愈拉愈長，看著蠻嚇人的。周立拿出一條長長的鑰匙鏈子，鏈子的一頭拴著塊鐵牌子，揮起鏈子來用鐵牌子打水蛇的頭，試了五、六次居然被他打中了，水蛇潛入水中，他立刻成了打蛇英雄。

有同學說「河套」的水不乾淨，某天放學回家見到有人拖著水肥車往池塘裡倒糞便。不奇怪，它本來就是個灌溉水池嘛！沒有人親眼見到這事，大家也不放在心上，中午繼續在河套玩水。

後來訓導處知道了這件違反校規的事：有不少學生中午離校去不明處所游泳。下午上課之前訓導處派人在校門口守候，問每個正要進校門的同學去了哪裡，偷偷游泳去了嗎？當然都說沒有，他就用指甲在同學的手臂上畫一道，如果手臂出現了一條白顏色的痕跡，證明你剛剛泡過水，他說：「你給我乖乖的在牆角下站著，訓導主任馬上過來。」

好幾個人被抓到，罰掃廁所，以後沒人去河套玩水了。

我們最喜歡去玩水的地方是川端橋畔，川端是日本統治台灣時期的某任總督，不能再紀念這個人了，日後川端橋改名為中正橋。很壯觀的一座橋，跨越新店溪，它是台北市通往永和鎮的唯一橋梁。

那時候從烏來順流而下的新店溪，河水清澈，很多游泳健將經常在川端橋附近水域一顯身手。可是泳者不能太靠近橋墩，橋上有一小隊駐軍，見到有人距離橋太近，士兵就在上面吆喝驅趕，因為這座橋是重要交通樞紐地，實施軍事管制。

經常在星期天，我們五六名住在台北市南區的小鬼頭，聚集在川端橋畔，看著四下無人，一一躍入水中嬉戲玩耍。因為沒有一個人真的會游泳，我們就在溪邊的淺水地帶追追打打，揀扁平的石頭比賽打水漂，力道用得巧了，那塊石頭可以打出十多個水漂來，才沉入水中。

有一天傍晚，天氣滿冷的，玩水不到二十分鐘，個個都凍得要撒尿。我領頭上岸，就在川端橋墩旁邊小便，其他小朋友也跟了來，尿撒到一半，就聽見橋上有男子以粗重的山東口音叫著：「什麼人跑到橋下來的？都給我走開，往遠處去！」

幾個小朋友立刻做鳥獸散，我尿了一半，不願意停下來，因為點子王周立告訴我：如果小便一半就收回去，會得性病的。我抬起頭來向那人打招呼，說：「老鄉，你好！」

仍舊在有始有終的繼續撒尿。橋上的山東老鄉打開一支強力手電筒，照住我全身，觀察好一會兒，說：「媽了個X的，這小孩還真他媽的不要臉咧！」

期末考試，這次張老師的考題特別容易，大多數同學半個多鐘頭就繳卷了。張老師說：「繳了卷的同學可以早一點放學回家。」

大家一哄而散，走到校門口，有人提議：「時間還早，去川端橋游泳吧！」

七、八個男孩子一陣吆喝，追打嬉笑，不一會兒就到了我們熟悉的川端橋畔。周立、黃狗，這二位會游泳的早就躍入河中，身後踢起來陣陣浪花，上下來回的游了起來。楊子綱、林宏蔭、呂其康和我，稍微會游一點，但是還沒學會換氣，就在淺水地帶的水中划動手腳，作游蛙式狀。瞿樹元從來不下水，他服裝整齊，斜背著一個大黑書包，每次就站在岸邊充當觀察員。

奇怪，今天的河床底高高低低的，和往常很不一樣，過去很平很淺的地方，會突然陷下去水很深。一定是有挖砂船來過了，正在詫異，就聽見楊子綱在不遠處叫我：「王正方快拉我一把，水太深了，我從腳到腿都在抽筋，抽得很厲害！」

他離我有數公尺的距離，仰著頭，水面已經淹到他的耳朵，一開口說話就有水灌進去，高舉雙手呼救。我趕忙過去拉他一把，楊子綱就藉著這股勁道往前走了幾步，脫離了深水區。

我拉楊子綱的力道，相對地把我帶進深水區，一下子雙足懸空身體快速往下沉，頓時慌亂起來，完全忘記了學過的一點游泳常識；應該順其自然肢體放鬆，身體就會浮上水面來，但此時不由自主，四肢在水裡胡亂舞動。河底一股有力的暗流，把我的身體往深處拽下去，愈拽愈深。

沒入水中的時間相當久了，閉住一口氣不呼吸，實在憋不住，張開口來吸氣，立即灌進來好幾口水，憋氣的難受感覺舒緩了些，胸口仍然脹悶的厲害。身體往河底更深處墜下去，耳朵、胸部都承受著極重的壓力，四肢還在水中毫無章法的擺動。

憋不住了再做呼吸，繼續大口吞水。第一個想到的是母親；我如果一下子就這樣走了，媽媽一定會哭得要命，昨天還答應過她，以後放學後就準時回家，不在外面胡混，怎麼又忘了她講的話？爸爸會更難受，大家都知道他偏心小兒子，哥哥少了一個功課超級爛的弟弟，他每天又去藐誰呢？就這樣再也見不到他們了！特別想哭，但是哭不出來；我好後悔，今天幹嘛要來川端橋游泳，怎麼能怪楊子綱呢？他的整條腿都在抽筋一定要拉一把呀！想到許多過去的事、不相干的事，神智愈來愈模糊，手腳軟綿綿的不聽指揮了，不再掙扎，任憑河水擺布。

聽見有人講話，有一個女人咯咯的笑。我怎麼飄到水面上來了？睜開眼看見一男一女面對面的坐在小船上，男子沒在划船，低聲的說個沒完。船就在我身旁，突然恢復了力氣，雙手立即死命抓住船沿不放，我大喊：「救命、救命哪！」

整隻船被我拉得傾斜到一邊，嚇得那女子尖叫起來，男子慌了，舉起一支槳來作狀要打我，他吼著：

「放手放手！不然我就打你下水。」

我死不肯放手，一直喊救命。他大概搞清楚了是怎麼一回事，然後說：

「我會救你的，你先放開手，不要把船扳翻了。」

爬上小船來的是一個全身赤裸裸，瀕臨死亡邊緣的男孩子。

船划到岸邊，同學們擁過來，黃狗揹著我走到一個蔭涼處放平，處於半昏迷狀態；略略睜開眼睛，見到許多雙眼睛焦躁地看著我。周立說：

「他喝水喝到肚子這麼大，要先把水吐出來才行。」

「那該怎麼辦？」黃狗說。

「找一口大鍋子，鍋子翻過來，把王正方的肚子放在鍋底上，一下子他就會開始吐水了。」

四周沒有住家，哪裡去找大鍋子？黃狗自告奮勇做那口大鍋子。他像狗一樣的趴在沙灘上，拱起背來，如同一隻翻過來的特大號鍋子。周立他們扶著我橫趴在黃狗的背上，幾分鐘之後就稀里嘩啦的吐出好多水來，感覺舒服多了。

同學們說好了要攻守同盟：這件事太嚴重，要是被老師或學校知道了，我們一律完蛋；發誓誰也不准說出去，每個人互勾小手指頭，勾了一圈。

瞿樹元和林宏蔭一邊一個人架住我，一步步半扶半拖的走回家。進了門一句話不說，拿出被褥來鋪在榻榻米上倒頭就睡，人事不醒的睡了十多個小時。第二天母親問我：「你又是去了哪裡胡鬧？回家睡覺整個枕頭和被單上都是沙子？」

保密工作做得十分徹底，父母親在有生之年一直不知道，小兒子險些做了川端橋下的水鬼。那一對在橋畔划船談情說愛的情侶，無意中救了我一條小命，直到現在還是不知道他們的姓名，更別說向二位致謝了，然而救命之恩畢生難忘。

有條件的告訴了我老哥這次的「川端橋事件」，條件是：絕對不能讓爸媽知道，否則他們會一輩子禁止我們倆游泳，老哥完全同意。後來我們哥兒倆在建國中學上體育課，都學會了游泳。我曾參加建國中學運動會的游泳比賽，獲一千五百公尺自由式第三名；比賽成績就請不必問了。那次這個長距離競賽項目，只有五名同學報名參加，第五名的速度特別慢，堅持游完全程，他得了運動精神獎。

19 發憤圖強不做夜貓子

我是第六屆國語實驗小學的畢業生。畢業後的那個暑假沒有作業，每天就在植物園、重慶南路等處結伴玩耍。

某日上午遇見瞿樹元揹著大黑書包，從植物園對面的建國中學大門走出來。你怎麼在這兒？報名呀！X月X號建中入學考試，今天是報名的最後一天，你還沒有報名嗎？啊！我完全不知道這回事。

衝到植物園的《國語日報》找老爸，他在開會，不管了，這事太重要，打斷了他們。爸爸說：「是呀！快點去報名，這是我的圖章，拿去。」

早期台灣的升學狀況不那麼緊張，學生數量少，各校分別招生。父親在教育界的人脈熟，他認為安排兒子讀個初中，自然不在話下。全無準備的去應考，出了考場一片茫然。

同林宏蔭、瞿樹元他們一道去建國中學看放榜，沮喪而回；同班的好學生江顯楨、瞿樹元、林宏蔭的名字都赫然在榜上，仰著脖子從上到下看了好幾遍，就是找不到王正方這三個字。怎麼辦呀！沒有學校上的話，我去幹什麼？哥哥說：

「可以到巷口王月霞家的車行學修理腳踏車。」

「什麼話，」母親反對：「總還有其他中學可以上；師大附中、成功中學……。」

父親認為不必去考其他的中學了，上建國中學就好；離家近，兄弟倆讀一個學校互相有個照顧，而且現在是老賀當校長，那間學校絕對錯不了。可是人家建國中學沒有錄取我呀！爸爸說：「先去上建國中學的補校，然後轉日間部。」

上建中補校也要先通過入學考試，關在家裡複習了幾天功課，再度進考場，考完了心中還是一點把握也沒有。哥哥陪我去看榜，那張榜不大，上面是以漂亮的毛筆字寫了幾十個名字，從榜首往下看，氣喘不止、心撲通撲通的跳，從頭看到最後一名；那三個字還好是王正方！名字上還被紅筆勾上，表示本榜名單到此為止。老哥說你的運氣來了，因為其他人的名字都沒有被紅筆勾到。

早年學校放榜，榜上名字的先後次序依照成績優劣排列；我排在最後一名，表示我考的成績最低，說不定還是爸爸去校方關照了一聲，勉強讓我上了榜？事隔久遠，此事的真相也難以查明，至今仍是個懸案。反正那時候的我整個抬不起頭來，家庭地位無比低落。

某日老爸一臉不高興，他說：

「一個暑假你到處玩，學的東西全忘光了，你給我好好的念這個補校，成績一定要非常的好，一個學期之後轉到日間部去。不然的話就永遠做一頭夜貓子，夜貓子晚上才出來活動，牠是吃死耗子的動物。」

建中補校初中一年級只有一班，安排在陰陰暗暗的舊木造樓上課，一半以上的同學是年紀較大些的社會青年，程度參差不齊。我專心學習，在班上的成績突出。最喜歡的是英文課；大家都是首次接觸英語，一律從ＡＢＣＤ開始學。啟蒙老師金多芬，是美軍顧問團（Military Assistance and Advisory Group, MAAG）的翻譯，晚上來兼課，他以英語讀課文，音調有高低起伏，挺好聽的，但是講中文一開口就是福州口音，我與福州老師有不解之緣。

金老師最注重發音，一再告訴我們，英語發音最困難，發音不正確或重音抓不準，人家就聽不懂你在說什麼；譬如說 speak 這個字，那個 p 應該發 b 的音。他一再說：「speak 的 p 是筆的音，不是痞的音。」

董老師教國文，也是我們的導師，說一口標準京片子，她說：「電影的男主決（男主角）——，你們在時間上有富裕（時間夠用）——。」

同學聽不懂，我給大家做翻譯。董老師誇獎過我的作文寫得好。

坐在我前面的是個瘦高戴眼鏡的傢伙，因為近視眼嚴重，要坐在前排才看得清楚，也是應屆小學畢業生，不知道為什麼和我一樣的淪落到建中補校來了。他姓陳單名一個樞字；我們叫他陳進士（近視）。數學老師點名時，總是把「樞」字念作「區」，我覺得這位老師的語文程度實在不高明，向爸爸報告：

「補校的老師很多是兼差的，好像不怎麼樣咧！」

「你到了這個份兒上了還批評老師？」爸爸說：「趁早給我把成績拚得像個樣子一點，

不然的話，哼！」

陳進士不大喜歡英文課，我也覺得他的發音不太正確。有時候他回過頭來和我練習念幾個多音階的單字，如：next、student，反覆多少遍。班上跟不上英文課進度的人不少，有個老兄是大陸北方來的社會青年，對英文發音一籌莫展。他在英文課本上寫了許多幫助發音的中文字：mother旁邊寫了「瑪丹」、father是法丹、brother布拉丹、sister西斯丹……，念出來就像在說中文。有次金老師叫他起來讀student：這老兄面紅耳赤的念著：

「四丟——四丟，四丟拽！」

下課之後我去看他的課本，在student的旁邊寫了「四丟」兩個字，接著又畫了一個小人在拉繩子，這都是在做什麼呢？只有我看得懂：以手猛力拉扯北方土話叫做den，中文好像沒這個字，或用「蹬」字。他當時大概不會寫這字，就畫了個小人拉繩子，代表它的意思。老師叫起他來念student，一時緊張怎麼樣也想不起來這個小人拉繩子該怎麼讀，就念了個「四丟拽」，拽也是同樣的意思呀！

上夜間部不需要早起，一個人在家裡常常睡懶覺，母親就派給我清晨去市場買菜的任務。這事不難，晚上寫好了要買什麼菜，第二天口袋裡有錢，提著菜籃子去南門市場；菜場裡永遠是髒兮兮、亂糟糟，人擠人的，大家都提高了嗓門喊叫。我在菜場裡藉機會大練台語，但是會用的詞彙還是很有限。有時候買到又便宜又新鮮的青菜豆腐，得到母親的誇獎。家中請客就輪不到我去買菜了，愛吃肥肉的老爸要親自上市場，費心去挑又便宜又好的肉，花時間耐心討價還價，他講的台語比我還差，可是每次都買到上好的料。

清早買菜最愉快的一件事：偷偷吃一碗愛玉冰。母親認為天下所有攤販的食品都不衛生，病從口入，一律不准吃。每天買菜用心仔細的算計著點，可以多出幾毛錢來，買一小碗愛玉冰，就站在街邊三下兩下的吞而食之；清涼可口。從那時就懂得了「貪汙入門」的學問，它從處理錢財開始：數目不論大小，若要弄碗愛玉冰來吃吃，實在太容易了。

極痛恨夜貓子生活，作息顛倒，左鄰右舍的小朋友一大早就去上學，我白天一個人在家裡耍無聊。晚上放學回來，要走過好幾條漆黑的巷子。那個年月路燈的亮度非常低，而且路燈壞了幾個月也不修。走在那段「黑人黑夜捉烏鴉」的路上，內心就會產生莫名的恐懼：暗處會不會有野獸或壞人衝出來，聽說還有那種飄來飄去、沒有腿的鬼也躲在暗處？我弄來一把瑞士摺疊小刀，放在口袋裡緊緊的攥在手裡，快步走完那段黑路，手心和小刀上都是汗水。怕黑的事不敢說出來，哥哥要是知道了，他又多了一樁消遣嘲笑我的話。

熬過了一個學期，憑著成績單漂亮，我順利轉入建中日間部初中一年級B班。但是哥哥認為，在補校的成績優異算個啥？勝之不武，因為很多班上的同學白天要上班、做工，我只在晚上幾個小時的課，白天閒著沒事幹，比別人讀書的時間多得多，還比不過人家嗎？可是在那個階段，我比較用功也是個事實。

陳進士（陳樞）在補校讀了一學期後，轉學到台灣師大附中就讀，成績優異。二十年後進士兄學有專長出人頭地，已在美國天普大學（Temple University）當上了教授，我尚在費城的賓州大學（University of Pennsylvania）苦讀博士學位，兩人不約而同積極的參加了「費城地區保釣運動委員會」。

一九七一年四月十日，全美國各地的港台留學生，聚在華府（Washington D.C.）舉行「保釣大遊行」。遊行路程其中一站是日本駐美大使館，保釣委員會選了我、陳進士等三人為代表，向日本大使館遞交抗議書。到時候由誰來念那份英文抗議書、提問題呢？他們二人都推我，陳進士還來了一句：「記得當年金老師不是說你的英語發音還不錯嘛！」

其實誰念抗議書都一樣，接待我們的年輕日本官員，看來階級不高，只在那裡點著頭，表示聽到了。回答問題時他重複的說一句話：no comment（不予置評）。我再問他：

「為什麼你的回答總是不予置評？」

那個日本官員面露不屑的微笑，以蹩腳的英語說：

「你們的政府（台灣國府），不是也這麼回答的嗎？」

我們離開日本使館，向聚集在門外的三千五百位港台留學生報告日本官員說的話，群情沸騰，全場為之義憤填膺。

20 賀校長率領建國中學衝上No.1

爸爸對建國中學的校長老賀推崇備至。老賀就是賀翊新，字仲弼，河北省人，北京大學國文系畢業，曾任河北省教育廳廳長，父親與他在河北省政府共事過一段時間。前省級教育廳長來到台灣當中學校長，豈不是太屈就了？那時候從大陸來台灣的各方人才充塞，群雄聚集，粥少僧多，工作安插非常困難，能夠暫時有自己喜歡的專業工作，已是非常難得，反正大家都等著「反攻大陸」那一天的到來，何必計較名位？

賀校長來到建國中學，不久整個校風立即有了改變；太保學生不見了、打架鬧事減少了許多、學業成績普遍提升、上課時候同學不再胡鬧；幾年後建中的升學率最高，學生和老師的表現優異。體育項目也不弱；建中一直是全省高中的橄欖球冠軍，早年建中的籃球運動也很出色，曾經得到過一次全省高中籃球聯賽的冠軍！自此建國中學名氣響亮，成為全台灣頂尖的男子中學，數十年後的今天，建中一直是許多同學的第一志願，稱它為NO.1男子中學，幾乎是個共識。賀校長真有辦法，他怎麼做到的？

追憶賀翊新校長的文字有不少，幾乎每篇文章都提到：賀校長一臉祥和，不善言辭，講話的聲音低沉，沒有人見過他發脾氣。遇到他不同意的事，他總是低聲的說：

「這個、這個——不行、不行的。」

決定了的大小事，一定堅持完成。

他不喜歡在辦公室坐著，一有空閒就在校園裡巡視，身材不高，背著手慢慢的走。每班的同學們都曾發現，校長會靜悄悄的站在教室窗外，背著手聽、看教室裡上課的情形，好一會兒之後，又靜悄悄的離去。某次有位老師監考，坐在講台後面昏昏睡去，賀校長巡視到那裡，抓到一名考試作弊的學生，沒收了學生的書，把書交給監考老師，一句話沒說，轉頭離去，意思是要那位老師看著辦吧！這一招對老師和同學的壓力很大，校長隨時會無預警的出現，大家心生警惕，就必須要認真的教學、讀書了。

建中的名數學校員傅禺老師（筆名子于）出版過一本書：《建中養我三十年》，書中對賀校長有生動、確切的描寫。賀校長來到建國中學，帶著教務、訓導、總務三處的主任，還有吳治民老師，曾任河北省國立第一中學教務主任，他編的化學教科書，被全大陸的中學普遍採用。這幾位都是河北省人，之後又來了不少河北省籍的老師。

安排新到職教職員的住宿是個問題，賀校長決定將木造樓旁邊的二十幾間舊教室，修建為宿舍，居住條件簡陋，住進去幾十家人，後來大家叫它做「河北大院」。這是個木造舊建築，河北大院的屋子裡面不准生火做飯、燒水，每個房間只准裝一盞電燈。二十幾家大小入住的那天，賀校長語帶歉意的向大家說：

「只是臨時的安排，反正大家都在逃難，同舟共濟，請多多體諒，學校一定會想辦法解決住的問題。反正我們馬上要反攻大陸了。」

那時候全台灣推動「克難運動」，勤勤懇懇的克服當前的困難，沒有辦不到的事情，大家不抱怨，幹好份內的工作，反攻大陸指日可待。

賀校長的個子雖然不高，氣魄卻大得很。原來建中的初中部只有十九班，他來了一年就擴充為三十班，同時還有夜間部、補校。他是位「學生至上」的校長。

有一次訓導處把學生的壁報扯下來沒收，大概是因為壁報內容有不妥之處。同學們向校長申訴，賀校長聽明白了之後，立即要訓導處把沒收的壁報拿過來看，然後單獨和訓導處開會。為什麼沒收？必須得向學生清楚的解釋沒收原因，如果說不出道理來就不該沒收。後來那份壁報原封不動的貼了回去。

初中部同學按規定繳童軍費，某個學期快結束了，卻沒有任何童子軍活動，同學們要求退還童軍費，但是沒有結果，就去找校長。賀校長了解情況後，親自去初中訓育組說：「把錢還給學生！」

之後訓育組舉辦了碧潭童子軍露營、烹飪比賽。這件事我記得好清楚：那年我在建中念初二B班，我們那一組是烹飪比賽的倒數第二名，負責生火的是我，因為一直下毛毛雨，撿來的樹枝都是濕的，怎麼也點不著。五個人睡一頂帳篷，被幾個人的臭腳薰得快暈過去，半夜還下起大雨來。

賀校長來看我們，帶了兩箱水果，一面烹飪優勝錦旗，和同學們一塊吃那些男孩子做的半生不熟的飯菜。據說校長買水果、來回碧潭坐車的開銷，都是掏腰包用自己的錢。

他不喜歡放假，爭取同學們多上課。不分主副科，什麼全不能缺，體育更不放鬆，他會曬著太陽看學生上體育課。有老師說：

「多上一節課，學生又能多學點什麼？」

不善言詞的賀校長回答：

「多休息那一節課，老師又能痛快多少？」

學校的各項會議，經常安排在放學之後，有時候還在星期日開會，老師們抱怨：「這不是都賣給建國中學了！」

他最關心學生，不讓任何學生受到委屈，記性特別好，能記住許多學生的姓名，連名帶姓的叫出來。初二的時候，我和幾個同班同學愛上了籃球運動，放學之後不回家，就在土球場上投籃鬥牛，直到夜間部已經在上課了，我們還在那裡吆喝著打球。正玩的起勁，忽然聽見球場邊有人叫我：「王正方！」

聲音熟悉帶有河北鄉音，就見到校長背著手站在籃球架下面，他在作例行的夜間部巡視。幾個毛頭小子垂手立正，齊聲說：「校長好。」

「天都黑了，籃框子都看不清楚還在打球，不要打球了，快點都給我回家去。」

很多老師抱怨賀校長太寵學生了。但是他也堅持原則，凡是犯重大過錯、考試舞弊的同學，應該開除的絕不容情，達官貴人來說情，一律無效。

幾年後，同學們在學業成績上有了優異的表現。那幾年建中的畢業生群，日後各自在專業領域中大放異彩的有：丁肇中（諾貝爾物理獎得主）、鄭洪（ＭＩＴ數學教授，院士）、王正中（UCSF生化教授、院士）……等，不勝枚舉。

我們的高三C班，共四十多名同學，多數通過保送、聯考上了好大學；台大醫學院七人、台大電機系五人（該屆的台大電機系本地生四十五人，建中畢業的各班同學生加起來有十七人）、台大物理系四人，其他有考入台大數學系、化學系、化工系、農化系、農工系、地質系的，上台大歷史系、商學系、經濟系的各一、二人，粗略算來，硬是有超過一半的同學進入台灣大學的熱門科系；其他同學去了成功大學、東海大學等。日後他們在醫學界、物理學界、工程界和其他領域，表現不凡、嶄露頭角的真不少；還有白先勇，讀台大外文系，日後成為兩岸知名的文學家。

賀校長在建國中學的第一個任期是從一九四九年到一九五五年，我在一九五〇年上建中初一，一九五六年高中畢業，前後有五年都在賀校長的治下當學生，對賀校長奠定建國中學基礎所做的點滴努力、他的教育精神等，有直接的體會。一九五五年，賀校長首度離開建國中學。古文造詣高深的國文老師畢無方老夫子，以《詩經》筆法撰寫了一首詞，紀念賀校長的創校精神和成果，詞曰：

赫赫黌宇　髦士三千　薰陶入座　恐後爭先
大而化之　賀公是瞻　金石貞固　永記年年

賀公仲弼主校，六載春風廣，作育有方，當離別，群情悽愴之詞，刻石勛勤為垂紀念。
建國中學全體學生三七五四人敬勒。

中華民國四十四年元月

此石名〈紅樓銘〉，就嵌在建國中學紅磚大樓入口處的柱子左下方。賀校長於一九五七年再度回校任校長，一九六七年退休，前後十五年，是任期最久的建國中學校長。

21 老馬叔叔我們記得您

每天早上，有個山東老鄉準時在窗戶外頭大聲吆喝：「饅頭、豆沙包、肉包、饅頭！」我從木窗窗櫺間遞錢過去，拿回來四個熱氣猶存的饅頭，大家匆匆忙忙吃了熱饅頭，各自上班上學去。

星期天大家慣於睡個懶覺，賣饅頭的山東老鄉準時在巷子裡叫賣；他總是要做了我們家這單子固定生意，再去隔壁巷子叫賣。這天他吆喝了許久，我們家四個人都沒動靜；老鄉就把臉貼在我家的木窗戶的窗櫺子上，朝著裡面大聲吼叫：「饅頭、豆沙包、肉包、饅頭！」距離很近，聲震屋瓦，就好像有人就在帳子頂上叫喚；還是無人理會。老鄉就說：

「都八點了還不起床？」

爸爸突然從榻榻米上跳起來怒斥：

「你走開行不行，以後不買你的饅頭了！」

這天早上爸爸的眉頭緊鎖，一臉不高興，起身後一句話也沒有，急急的出門去了。我問母親：

「爸爸今天是怎麼了？」

她嘴唇緊閉著，不說話。一再追問，母親才不耐煩的說：「小孩子不要多問！」哥哥對我使眼色，我才識相的不再說話。私下裡問老哥：「今天他們是怎麼了？」

「《國語日報》出了大事。」

「出了什麼事？」

「報紙上都有，你這幾天都不看報，每天就在那裡醉生夢死的。」

晃到《國語日報》閱覽室去，翻看這兩天的報紙，首頁頭條標題都是「破獲于非、蕭明華匪諜案」：

國防部偵破重大匪諜案，逮捕匪諜多人；蕭明華、嚴明森、馬學樅……等被捕，主犯于非在逃……。

報紙用很大的篇幅報導這個案子；

中共中央社會部長派遣于非、蕭明華來台負責全島的地下工作，兩人假扮夫妻，出入公眾場合……。于非在《國語日報》任編輯、蕭明華任省立師範學院助教，以「台灣青年解放同盟」、「新民主主義青年團」的名義，廣泛吸收分子，逐漸滲透發展……。嚴明森夫婦、馬學樅……等人是他們的組織成員……。調查人員從嚴明森家的米缸裡，搜出來一具電報發報機……。他們曾以這架發報機向大陸發送過多則重要情報，危害國家安全……。

老馬叔叔馬學樅被抓進去了？坐在他對面辦公桌的就是于非，他的個子不高，好像比其他的年輕編輯們年紀大一點。于非的太太蕭明華，有時候來報社，她性格活潑，有說有笑的，漂亮又很會唱歌，記得在報社週年慶上還唱過什麼歌來的。另外有一對夫婦，先生是嚴明森，講話聽得出廣東口音來，嚴太太在報社的總務處工作。

于非、蕭明華夫婦來過我們家多次，爸爸喜歡同年輕人聊天，聽聽他們對時局的看法、今後的抱負、理想。每次聊到最後，于非和父親總會爭論一些事，蕭明華就在一旁笑著點頭。媽媽說蕭明華會打扮，每次戴著頂遮陽光的大帽子，樣式都不錯。爸爸有時候不很同意于非的言論和見解，說他偏激。爸爸說：「唉！年輕人有他們自己的想法呀！」

我知道老爸為什麼不大喜歡于非，因為他講話很急，老是打斷別人的話頭。爸爸說在大陸的時候他就知道于非這個人，他原來姓朱。

「為什麼來台灣就改姓于了呢？」我問。

「誰知道，別管人家的私事，估計不是逃婚就是躲債吧！」

咱們的王大爺最欣賞這對夫妻，特別誇獎蕭明華，因為蕭來到台灣之後，努力學說台灣話，這就很了不起啦！王大爺自有他的一套理論：

「咱們在台灣教大家說國語，不懂也不學當地人說的語言，這不成了英國人在殖民地推行英語嗎？閩南語是中國的古語，很有意思的，也不難學。這樣子不注重本地方言，咱們怎麼能夠做得好推行國語的工作？」

可不是，他們老一輩的國語運動工作者，只有王大爺的台語流利，發音準確。王大爺常常以台語和蕭明華交談，每次都說蕭明華的台灣話又進步了許多。

轉彎走到編輯部，星期天辦公室裡的人少，老馬叔叔、于非、嚴明森的辦公桌上都是空空的，他們會不會再回來上班呢？問過爸爸兩次，老馬叔叔他們現在被關在哪兒，您是不是得去保他們出來？父親皺起眉頭，表情嚴肅地說：「這不是小孩子應該管的事，以後不許再問了。」

深夜偷聽到爸爸和王大爺的低聲談話，王大爺興奮起來嗓門兒會自動提高八度，他說：「于非這傢伙機靈，半夜搭上漁船偷渡到了福建。」

「聽人家說，蕭明華經常一個人到鄉下去，用台灣話同老百姓講社會主義、共產主義……。」

有一天哥哥拿一份報紙給我看，指著上面的一段新聞：「匪諜蕭明華、馬學樅、嚴明森……等人，已於X月X日在馬場町執行槍決。」

我們兄弟二人互相看著彼此，沒有說一句話。

于非、蕭明華案在我們家、在《國語日報》都是一大禁忌，多少年過去了，不再有人提起過這個案子。

附錄一

數十年之後，台灣解除了戒嚴令。有些當年未曾公開過的檔案，可以調閱出來。有關本案的資料：

于非來台後擔任《國語日報》編輯，利用社會處主辦的「實用心理學講習班」吸收成員，一年後組織擴展迅速滲透到國防部、空軍總部、台灣省政府教育部、農林廳、建設廳、社會處、警務處、警察學校、台北市及高雄市的警察局、高雄聯檢處、台北電信局、台灣大學、國防醫學院、師範學院及《國語日報》……；黨、政、軍、警、教無所不包，規模龐大，衛星密布、掩護周密、是多邊形亂麻式的間諜組織；從事竊取國防機密，軍需工業設備、戰略物資儲備情形、防空設施、港口要塞、沿海港灣、兵力部署、防衛作戰計畫，以及氣候水流等有關戰略政略情報。他們計畫在東部設置米廠，以高利吸收駐軍存糧，來籌措經費。

內政部調查局接到情報，在台北縣新店鎮文山中學發現左派刊物，懷疑是于非所編，進行拘拿「實用心理學講習班」的學員；于非逃回中國大陸，蕭明華被捕。——國防部宣布偵破大匪諜案，逮捕的匪諜共一百零六人，其中十八人的案情重大，執行槍決。

另一份資料上說：

于非蕭明華案有八十多名涉案者，全案槍決人數超過了三十人。

某評論者對此案的分析：

于非、蕭明華二人不到兩年，在台灣發展的組織遍及各層面，範圍實在太驚人了。是否是台灣情治單位為了邀功，故意加以誇大？上級也同意這麼做，為的是提高社會上的警覺性？

附錄二

有關蕭明華的部分資料：

一九二二年八月，蕭明華出生於浙江省嘉興縣。小學畢業後，她考入河南省立開封師範學校。抗戰爆發，她隨父母輾轉到達重慶，一九四一年畢業於重慶師範學校，當了小學教員。一九四三年秋，蕭明華以優異成績考入白沙國立女子師範學院國文系。

抗戰勝利後，蕭明華於北平師院繼續深造。在校期間，蕭明華遇到在重慶就認識的教育心理學教授朱芳春。朱芳春已參加了共產黨的地下活動，他經常推薦革命理論書籍給蕭明華閱讀。一九四七年九月，蕭明華加入朱芳春領導的地下工作小組。

蕭明華即將畢業，台灣大學國文系系主任臺靜農先生（註），深知蕭明華在國語注音、語音應用方面的教學能力，幾次寫信邀請蕭明華到台灣任教。

初到台灣，蕭明華選擇去台灣師範學院任教，住在台師院的宿舍裡，同時蕭明華又在《國語日報》社兼職工作。不久，朱芳春化名于非，也來到台灣，與蕭明華以夫妻名義開展地下工作。

一九四八年九月，他們利用台灣省政府舉辦的「社會科學研究會」，舉辦一些講習班或講座，擴大社會影響，從中考察、培養幹部。

于非與蕭明華組建了「台灣新民主義青年聯盟」，把講習班中骨幹組織起來，成立讀書會。之後「台新盟」轉入地下。蕭明華負責聯絡工作，並承擔情報資料的保管、整理和抄寫。從一九四九年十二月至一九五〇年一月，短短兩個月，他們送出重要情報前後有六次。

蕭明華受刑時年二十八歲。一九八二年九月十六日，蕭明華遺骨迎回大陸，中共中央調查部舉辦隆重追思典禮，安放北京八寶山革命公墓追認為革命烈士，墓碑後方刻上「歸來了」三字。

附錄三

《國語日報》元老梁容若教授，曾任《國語日報》總編輯，退休後移民美國。二十世紀的八〇年代末至九〇年代初，梁教授曾在北京居住了一段時期。于非與梁先生取得聯繫，專程前來拜訪，整個下午二人談在台灣的往事。根據梁伯伯的轉述：于非數度激動，失聲痛哭，繼之飲泣不止。

哥哥的數學補習老師，香菸不離手，笑起來嘴中沒有幾顆牙的老馬叔叔，馬學樅，被處決那年僅四十一歲，此後沒有人再談起過他。老馬叔叔當年隻身在台，舉目無親，出了事之後沒有人敢承認是他的朋友，他大陸的親屬是誰，迄今也不清楚。在那個混亂的時代，老馬叔叔思想左傾，堅持自己的想法，剎那間如風捲殘雲般的被當局處決，化作塵土了無痕跡。

註：臺靜農，民國初年的知名小說家，是魯迅的學生，與魯迅等人在北京成立「未名社」，倡導白話文學，創作多篇短篇小說。先後在北平輔仁大學、山東齊魯大學、山東大學、廈門大學任教。抗戰勝利後赴台灣任台灣大學中文系教授。臺先生的繪畫與書法獨樹一格，備受收藏家的喜愛。

哥哥已不在人世，所以必須由我這個曾經與馬學樅叔叔相識的小男孩，如今已是個老頭子了，來說幾句話：

「老馬叔叔，我們都記得您，多少年來咱哥兒倆不時談起當年的事情：您的香菸灰把哥哥的數學課本燒出一個個的大小窟窿來，但是幫助我哥弄通了代數，然後他順利升學，書念得特別好，後來在學術上有不錯的成就；當選中央研究院院士，與諾貝爾獎擦肩而過。老馬叔叔，那時候我們就一直想告訴您：少抽點兒菸，有空就把牙齒修補一下吧！」

後記

最近接到北京一位朋友的簡訊，說：「某位讀者告訴我，在您專欄裡說的馬叔叔（馬學樅）是他的外公，馬學樅先生有六個孩子，馬學樅先生自從去台北後與這邊的家人就失去了聯繫，讀到您的文章，才知道他在台北生活的點點滴滴，這位先生說的時候非常感慨，幾次落淚，他們家人想和您取得聯繫，了解馬學樅先生後來的一些事情，不知是否方便？」

我和他們聯繫上了。與馬叔叔的外孫女婿在電話中談話，他數度哽咽，七十二年後終於知道了老人家的消息。

他們在微信上說：

我是在網上查找《國語日報》的相關資訊時，意外看到您的文章，「梳子換牙刷的故事」，我們簡直不敢相信自己的眼睛。

馬學樅有六個孩子，老五馬秉煜和老六馬秉瑩尚健在，我正在告訴他們我聯繫到了您老。我告訴他們我聯繫到親人啦。

王老先生您好！我是馬學樅的外孫女王蕾，能與您聯繫上我們真是太高興了！萬分感謝您在百忙之中抽出時間來與我們溝通，我媽媽是馬學樅的長女，於二〇一八年去世了，她生前一直都在尋找我姥爺的音訊，雖然知道一些，但也都是隻言片語。現在終於能多了解一些我姥爺在台北《國語日報》社時的訊息了，再次感謝您。

馬秉煜，馬秉瑩，都很激動，萬語千言一時不知從何說起，他們讓我代表他們向您表示最真情的感謝。

我在您網上的專欄裡已經讀過〈《國語日報》撐過了頭一年〉，〈馬叔叔思想左傾，倔小子一言九「頂」〉這兩篇。認真的讀了好多遍。」

找到了馬叔叔臨刑前的照片，我發給了他們。得到他們的回音：

王叔叔，昨晚把您轉發我外公的照片發給我小舅和小姨了，他們都非常激動，我小舅回覆：手臂上的繩索，面寵的從容淡定……我淚下如雨………。小姨回覆：我一夜未眠……，日思夜想的父親彷彿就在眼前……。

王叔叔，他們再三叮囑我一定要代表他們向您表示誠摯的感謝。

我說不敢當，這是我該做的一點事。咱們繼續保持聯繫，有機會我會去北京的，讓我再多想想，好多年前我們哥兒倆和馬叔叔一塊兒的事兒。

22 籃球不能愈打愈新

轉學上了建國中學日間部，初一B班的座位先後按照高矮排，我坐在第一排第二號；和班上最矮的小郭（註）同座，直到初二下學期我開始長高了點，坐到第二排去，他還坐在一排一號。小郭，綽號米老鼠，雖然個子矮，人家可是個頂呱呱的好學生，作業寫得整整齊齊的繳上去，考卷發下來若只有九十五分，他就喃喃自語的不開心；在班上每門功課都是數一數二的。

從補校轉到日間部來，自覺任務已經完成，懶散懈怠的習性又故態復萌，作業不認真寫，考試成績普通，門門能過關而已。上課時喜歡亂講話，什麼事我都要說上幾句。大概因為平日常常聽爸爸和他的好友們聊天，常識比其他小朋友豐富些。

老師講戰國時龐涓孫臏的恩怨，龐孫都是鬼谷子的得意門生，他問：

註：米老鼠小郭，本名郭承統。自台灣大學醫學系畢業後，赴美國史丹福大學獲得醫學博士學位。他潛心鑽研病理學，發表百餘篇研究論文，受到學術界的高度肯定。旅美十七年後返回台灣，在長庚大學建立了「病理學研究所」，退休後受聘為長庚醫院榮譽副院長；台灣醫學界尊稱他為「台灣病理學泰斗」。

「鬼谷子是後人對他的稱號，此人姓什麼？」

同學們當然沒人知道，我回答：「鬼谷子姓王。」

全班大笑，認為我姓王，所以就在那裡瞎掰，其實鬼谷子真的姓王，我還是真的知道。

在班上出其不意的講一兩句俏皮話，逗得同學們哈哈大樂，攪亂班上的秩序，便很有成就感，也成為我的專業。多數老師最討厭這樣的學生，他們對我頻頻喝止：「同學要先舉手，老師准許了再發言。」

那怎麼行？錯過了那個時間點就不好笑了。

小郭不大看得起我的學業成績，倒是很奇怪我為什麼知道那麼多不相干的事情，但是所知又不深。有一天他拿來一本英文書，指著裡面的一句話給我看：「Jack of all trades, master of none.」

成句子的英文，我哪裡看得懂？可是小郭就懂，他說：「這個Jack就是你，什麼事都知道一點，什麼都不精通。以後就叫你『萬能博士』好了。」

我聽了還很高興，他搖頭嘆氣：

「『萬能博士』是個諷刺人的稱呼，你還在那裡得意，我真的服了你！」

「你不是在叫我博士嗎？」

在班上廣結好友；其中王七對我的幫助最大。王七本名清義，快速連名帶姓的念就成了王七。我曾經很擔心地問過他：「你家裡還有弟弟嗎？」

他笑而不答。王七當過班上的清潔股長好幾次，他本人長得白白淨淨的，制服永遠很乾淨；哪裡像我們幾個喜歡趴在地上打玻璃彈珠的小鬼頭，衣服上總是沾著土，渾身灰撲撲的。

王七也是位好學生，從來都準時繳上作業，作業簿寫得整整齊齊的一目了然。我經常玩得過了頭，到了學校才發現今日該繳的作業完全沒作，事態緊急，就央求王七借他的作業，讓我在下課休息時間快快的抄好繳卷。他從來不曾拒絕我的要求，對我來說王七兄的慷慨仗義，真是「若解民於倒懸」也！

抄個作業算什麼呢？可是有很多同學不作如是想：花時間經過一番努力運算、演練許久才得出答案來，專屬於個人的努力成績，憑什麼讓你不勞而獲的拿去呢？王七在這方面很大方，喜歡與他人共享。最重要的是王七與我初中同班、高中同班、大學同系；選修的課程基本上相同，前後同班了十年之久，你說他對我的重要性有多麼大！

班上前幾排好動、好吵鬧的小鬼頭，還有阿曲、大嘴他們，我們個子雖然矮小卻都迷上了打籃球。下課鈴一響，大家飛奔到土球場「砸籃框」。砸籃框是當年的遊戲規則：第一個將球投出去碰到籃框的，就占用課間休息十分鐘的半個籃球場，隨即展開三對三或四對四的鬥牛比賽。

蹺傢伙阿曲，家裡有幾個錢，每天上學帶一隻八成新的登祿普（Dunlop）牌籃球。我的座位離門口最近，下課之前阿曲把球從後面塞給我，鈴聲一起拔腿就跑，搶在隔壁班那幫籃球混混的前面，距離籃框十數公尺遠就投球，多半能擊中籃框，有時候還能矇進一球；然後那個半場在課間的十分鐘，就歸我們占用。鬥牛隊伍有好幾組，我、阿曲和大嘴組成一隊叫「峨嵋三矮」。我們的個子雖小，但身手靈便，會抄球、盤球、中距離投籃準，並不比那些傻大個遜色。

阿曲的球技其實不行，基本動作不扎實，經常走步違例，但是不能說他，因為這小子一不高興就拿著球回教室，場地馬上被別人占去，很掃興；此人的脾氣挺臭的，我們平時還得巴結著他一點。唉！誰叫自己迷籃球呢？有一天我下了決心，捅了一下坐在前面的大嘴說：

「我要買一隻籃球。」

大嘴回過頭來，興奮中又帶著懷疑，嘴張得奇大可以放進一隻拳頭。談何容易？最便宜的籃球賣價六十二元，放在衡陽路體育用品店的展示櫃裡。

當年台灣的一個普通公務員家庭，小孩能吃飽穿暖就不錯了，根本不給零用錢，但是我有個辦法。每天早上我們都賴床，勉強起身就匆匆的衝出門去，小跑著趕升旗典禮，哪裡有吃早飯的時間。母親叫不起來這兩個貪睡的小子，索性每人發五角，下課時在福利社買小麵包果腹。五毛錢雖少也是現金，每天上午忍住飢餓一星期下來也有好幾塊了。積攢多日，不時暗地數厚厚一疊的五毛錢爛票子，那隻嶄新的籃球似乎遙遙在望。

長久不吃早餐身體會出問題。我們家就在建國中學後面，每天學校的預備鐘響了，這才猛的躍然而起，十分鐘之內要趕上朝會。一路飛奔，衝到隊伍裡同學們已經唱起國旗歌，有好幾次我喘不過氣來、呼吸急促、心跳加速、頭暈、眼前飛著無數金色小蟲子，然後一陣漆黑，不省人事，好幾個同學們七手八腳把我扛到醫務室。

一百多天之後，我去衡陽路的那家運動商品店，掏出一大把五毛錢小票子來，老闆皺著眉頭一一點清，然後把一隻黑白相間、乾乾淨淨的「登祿普」籃球交在我手中，我的心跳約每分鐘兩百多下。峨嵋三矮改組，阿曲被除名，現在我也是一名球主了。

從此放學以後和大嘴他們在土球場上打球，直到籃框成了一個模糊的圓形線條，夜間部主任出來趕人方才離去。每晚四肢無力，不漱不洗倒下去就睡。次日背著書包抱著籃球上學，那一陣子，我的書包通常在放學後就沒打開過。

某日放學父親發現我沒帶著寶貝籃球回來，就盯住不放的追問。我說籃球交給一位同學保管，明天上學就還。父親問同學是誰？靠得住嗎？

「靠的住！就是常來找我的那個大嘴。」

「大嘴？」他更不開心了：「每次把手指頭放在嘴裡吹口哨叫你的那個人？他是在叫人還是叫狗呀？」

父親要我馬上去大嘴家把球要回來，我不肯。

「大嘴的家住在哪兒？」

可要命了，我深知父親的執著，逃難了大半輩子，他對物件的歸屬權很看重。這回一定是想親自去大嘴家討籃球。我悶著頭不告訴他，頂了一句：

「籃球是我花錢買的。」

「你哪兒來的錢呀！還不都是從我這兒拿的。」父親呵呵一笑，我總覺得這句話似乎不通，那時候卻想不出來什麼理由來反駁。

說出了大嘴的地址，父親跨上那輛二十六吋日本製「能率牌」老自行車，它的把手特別高，騎上去就像端著一隻臉盆上街，我們叫它二六慢板。獨自在家生氣，這件事要是讓同學們知道了，人人都會嘲笑我是個小氣鬼。

半個多鐘頭後，父親累得滿臉通紅，把球交在我手中，很慎重地說：

「記住，籃球不能愈打愈新。」

這是父親生前的名語錄之一，每次想到這句話就止不住莞爾而笑，可是喉頭又開始哽咽起來。

23 人生在世有幾何，學了幾何又幾何？

當年建國中學初中部最嚴厲的教師，當然就是教幾何的王牌譚老師，綽號譚幾何、別名譚老虎，我覺得叫他譚老虎比較切合。沒有通過譚老虎這一關，休想初中畢業。譚老虎戴著一幅褐色鏡片的眼鏡，臉上從沒有笑容，聲音低沉，略有點上海口音，喜歡說幾句成語，講話很有權威性，說一不二。

頭一堂課他上來說明一些規定：課堂裡不准隨便講話、作業一定要準時繳，遲繳的罰重作、作業要按照他的規格來寫：每頁紙上下左右空出來的地方是多少公分，一律不能錯，字體要整齊，幾何圖形要公整正確等等。

發回作業的時候最緊張，譚老虎會拿那些不合格的作業來一一講評，把學生叫到前面來，先羞辱兩句然後宣判：罰重作X遍！第一次發回作業我就出了洋相，譚老虎在講台上隨手翻看一落作業，他問：

「你們班上有一個名字叫什麼正方的，是誰呀？」

我立刻筆直地站起來，走到台前，譚老虎冷笑著：

「你的字寫得又不正，圖畫得也不方，還能叫正方？罰重作，一遍。」如釋重負，重作一遍是最輕的了。老虎師自以為幽默，消遣學生是他的樂趣。

有一次他出的作業題目超級難，我又是到了次日要繳的那天晚上才去做幾何題目。剛打完籃球，累到睜不開眼睛，看著那幾道題目：乖乖，一題也不會！事態緊急，我推出爸爸的那輛能率牌二十六吋慢板老自行車，帶上作業本子衝到王七家去。

王七家的地方不大，住著祖孫三代好多人。比較大的那間榻榻米房間內有一盞日光檯燈，幾個小孩圍在燈下做功課。他也還沒做完明天要繳的幾何習題，我在旁邊和他一同寫著，其實是在那兒跟著抄。

題目做不出來，王七苦苦思索。我看見窗外昏暗的光線中，有個健壯的老頭挑兩隻水桶，赤著腳一步一步的在院子裡走，老人的腳很寬，腳趾誇張的向內彎曲，踏在泥地上特別穩重；他放下肩上的扁擔，用一隻大木杓舀出桶中的水肥來，就著街邊的路燈燈光澆菜。我問王七：

「你阿公為什麼要在晚上澆菜？」

「白天的太陽太厲害，澆下去馬上就蒸發了，清早澆水又怕吵醒我們。」

五題只做好三題，明天再去問問其他的同學吧！第二天王七想出來另外一題怎麼做，我把這四題整整齊齊的寫上去，做不出來的那一題我就在上面寫了「不會」兩個字。

譚老虎發回作業的時候，把我叫到前面去。他對我怒吼：「你在這裡寫『不會』是什麼意思？很妙，是在說我這個做教員的沒有盡到責任，教不會學生？怎麼其他的同學就會做呢？學生天天來上學，就是要學會你原來不會的。你說不會就是不想學了嗎？」

我連忙表示一定會用功努力學習。他的裁決不算重：罰重作三遍。「不會」這兩個字正犯了他的大忌。

事後小郭一直說我蠢，譚老虎最不喜歡學生在作業本字上亂寫字，不會做的題目也要認真的寫出你的演算過程，得不到答案不要緊，譚老虎會在上面寫幾個字，告訴你錯在哪裡；下次繳作業再清楚地把解題的步驟、正確的答案寫出來。

寫譚老虎的罰重作最花時間，就算題目都會做，必須要按照他的規格一筆一畫的寫，千萬不可馬虎，他也許不仔細看這份重作的作業，但是一旦讓他發現了任何錯誤，又要罰重作。

最可怕的是「掛黑板」。有時候譚老虎不想講課了，就叫幾個學生上來，在黑板上解不同的題目。眾目睽睽之下壓力非常大，往往是明明會做的題目，到了掛黑板的時分腦袋一片空白，當場就傻在那裡！耳邊聽見譚老虎不停的冷嘲熱諷，他不發話你又不敢回座位去，只得站在黑板前一籌莫展的挨訓，譚老師若是心情不好，會過來揪學生的耳朵罵道：其笨如豬。謂之掛黑板。

有一次阿曲被叫上去做一道比較難的題目，阿曲的數學功力在班上大概算是中等，解難題的本事普通。他在黑板前鼓弄了一陣子，演算不出什麼東西來。譚老虎說了一堆諷刺的話，不知道為什麼阿曲居然敢回嘴，老虎師大怒，厲聲痛罵起來，他愈說愈氣，就走過去抓住阿曲的兩隻耳朵，將他的頭朝著黑板猛撞，發出砰然巨響！阿曲的臉剎那間紅了起來，連耳根和脖子都通紅。

譚老虎每次考試只出三題，給四種分數：一百，六十六、三十三，零分。他的考卷都是演算題，每題三十三分，三題都對再加一分，得一百分；答案正確但是演算中有瑕疵或不妥之處，也不給一點分數，因為幾何是科學，容不得一絲一毫的錯誤。

發考卷時他先唱名字，再報分數；班上誰考了多少分，全部公開。我經常得到他的唱誦是：「王正方，三十三；王正方，六十六！」偶爾也矇上個一百分，就在及格邊緣上掙扎。同學們考得太糟或考得太好，譚老虎都不高興，他說：「你們在夢遊嗎？得零分的像野狗一樣多！」

「這次題目太容易，一百分的像野狗一樣多。沒有拿到一百分的，送分數也不要，你們都在那裡幹什麼？」

上譚老虎的課，內心經常處於恐懼狀態。

響噹噹的建國中學王牌數學老師，講課一定特別精采吧！完全錯了，譚老虎在一節四十五分鐘的幾何課堂上，平均講課時間最多二十分鐘左右；其他的時間用來批評時政或論述天下大勢。他對於行政當局的許多作為，通常都能做出及時、尖銳、毫不客氣的批判和指責，說出來很多人都同意，但是又不敢說的話。

他對穿制服的人；警察、軍人、情治人員，最是不假辭色，認為他們都屬於為虎作倀、禍國殃民的狗腿子。記得他經常講起抗戰時期在上海的故事：日本軍全面統治上海後，淪陷之前的警察換上了偽政府的制服，又在上海作威作福起來；他稱那些人是「黃色動物」，還能算是個人嗎？我們的校服也是黃卡其布做的，譚老虎心情惡劣的時候會說：

「你們就這樣混下去吧！到時候統統都去當黃色動物，連制服也不用換了。」

幾年來他在每個班上就這麼大放厥詞，當然會有人向有關單位報告。據說情治機構對譚老師做過調查，私下警告過譚老師，還有相關人士曾經找我們的賀校長談話。譚老師知道了就去面見賀校長，說如果他為建國中學帶來了麻煩，便立即請辭。校長向他保證，不會有事的，你的教學成績很好，請放心繼續教你的幾何。

父親後來告訴我：老賀的底子硬，各方面的關係都好，你們的那位譚老師就是嘴巴碎，憤世嫉俗，不停的發個牢騷，只要沒有實際犯了什麼事，老賀就挺得住他。

比我高一屆的小顧，同學們認為他是個數學天才。在舊書攤買到一本《平面幾何難題大全》，他獨自鑽研了一陣。上幾何課的時候，提出一道難題問譚老虎怎麼解？因為小顧是個好學生，老師不疑有他就在黑板上徒手畫了一個大圓圈（老虎師畫圓圈不用圓規，畫出來的都是完美無瑕的大小圈子，堪稱一絕）；畫好了圖想法子解題目。麻煩了，這道題目超級難，一時那裡想得出解法來？這回譚老師給「掛黑板」啦！

小顧很得意，竟然在一旁小聲地說：

「哦！老師不會作了耶。」

然後小顧提醒，從A點到C點加一條補助線看看？果然，加上一條線就豁然開朗，這道題目便迎刃而解了。

但是小顧沒有得意太久，學期快結束的時候，譚老虎抓到小顧犯的一個錯誤，大發雷霆，處罰他重作這個學期所有的作業，三遍！大考之前必須繳齊。小顧慘了，忙了幾個晚上沒睡什麼覺，方才勉強寫好，交卷應付差事。

我們有打油詩一首：

人生在世有幾何，何必苦苦學幾何？
堂上老虎立規矩，就是把你來折磨。
作業千萬別馬虎，畫圖演算莫出錯。
膽敢同我耍聰明，罰你三遍來重作。
埋首用功窮應付，考卷發下不及格。
提心吊膽掛黑板，其笨如豬就是我。
正襟危坐聽牢騷，大好時光任蹉跎。
戰戰兢兢難度日，學了幾何又幾何？

恐怖的學期終於結束，我勉強過了譚老虎這一關。我們究竟學到了什麼？多年之後細細回想，其實從譚老師那裡學到不少：

・學數學（別的事也一樣）不能抄近道，必須一步一步的走下去。

・整整齊齊的依規定寫作業，重要的是：你自己懂了還不夠，一定要有條有理的、漂亮的、具說服力的把它呈現出來。

・做不出答案來的考題，就是有瑕疵的半成品，不給分數。長大了才知道世事都是如此；未完成的電影，能賣一毛錢嗎？

・譚老師沒花很多時間講課，但是他仔細批改大家的作業，在演算題目的過程中錯在哪裡，他給你點出來，雖然他的用詞通常很刻薄粗暴。演算過程的邏輯正確性，更重於答案；要學會你是怎麼得到正確答案的。他的考試從來沒有選擇題。

・我們學會了如何在高壓環境中生存下去。

・譚老師的批評和意見自有見地，雖然不盡同意，卻很佩服他的膽識，敢在戒嚴時期如此大放厥詞。他啟發了我們：跟著他人人云亦云算什麼好漢，何妨獨立思考，自己也發表幾篇高論？

後記

台大電機系同班的一位女同學姓譚，後來知道她是譚老虎的長女。電機系有十多個建中畢業生，大家聊當年受譚老虎教導之苦，歷歷如繪。那曉得譚同學聽畢仰首大笑，她說：

「你們只受那麼一點罪，算什麼？」

聽她道來，方才知道虎父調教虎女，自然更加嚴厲無比。

24「蕭何月下追韓信」是一種吸毒方式

放學回家，院子裡有一名身材魁梧的漢子，和走廊上的爸爸交談，他們言語生動的說著山東話；嚴格來講算是魯西口音，或稱華北平原調（註）。這人瞇起眼睛來笑著，樣子滿討喜的，他叫老徐，報社派來的三輪車夫；以後每天接送爸爸和隔壁夏伯伯一塊上下班。

不用幾天我們就和老徐混得很熟。他本是山東省曹縣人氏，嫌自己的名字土，在老家找算命先生給他起了個響亮的名字：徐載華，可是所有人還是叫他老徐。抗戰軍興他才十來歲，離開老家跟著部隊跑；後來被選入緬甸遠征軍，在緬甸參加過悶人山戰役，與日軍激戰，一顆子彈劃過他的右手食指，沒打斷，但是那根指頭就伸不直啦！

「你看看，就成了這個樣子！」每次老徐伸出右手食指來給我們瞧，彎曲曲的樣子挺怪：「它不礙事，照樣扣扳機，當年俺的槍法可叫準哩！」

「悶人山在哪裡呀？只聽過有野人山戰役。」

註：華北平原指河北、山東、河南接壤的地帶，地勢平坦一望無際，自古往來方便，平原內各地居民的語音差別不大，通稱華北平原調。

「悶人山就在喜馬拉雅山的下面。」

哇！他在喜馬拉雅山下打仗，趕走了日本鬼子。

「緬甸遠征軍是跟美國部隊一塊打仗的，你見過美國大兵？」

「嗨！那時候天天跟大老美們一塊混。」

「那你的英文很好囉！」

「就會那麼幾句。」

我喜歡英語課，對於會講英語的人興趣甚高。就聽他西里呼嚕的說了幾句英語；又問他星期一、星期二怎麼說？聽著似乎也對，不過好像他還是在說著華北平原調。

在遠征軍立下戰功，他從士官升到准尉軍官，曾經做過某司令官的副官；坐個吉普車跑來跑去的辦事，甭提多神氣了，可是退伍下來沒旁的辦法，憑著體力討個生活。

「蹬三輪車兒要靠腿上有勁，你看俺這兩條腿有多結實！」他把大腿綳起勁來叫我去碰，堅硬如石。

老徐在我們家常鬧笑話。父親是知名的語言學教授、名演說家，經常有中學老師帶學生來請教，如何在演講比賽中得到好成績。某日北一女中的老師帶兩名學生來請父親指導，演練了好多遍，有個學生上廁所走到廚房去了，見到老徐就問他：

「洗手間在哪裡？」

老徐瞪著眼睛想了一會兒，指著廚房的水龍頭說：

「平常俺就在這裡洗手呢！」

事後老徐說：「她明明是要解手，怎麼說成了洗手？」這話說得也對。

老徐最擅長講帶有濃厚中國北方鄉土味的葷笑話，我們聽得非常開心。其一：「老家村子裡的土財主，一心只想討個處女做妾。媒人送來的姑娘他信不過，一律要私下面談。口試很簡單，就把自己的那話兒掏出來問對方：這是什麼？若是答對了或滿面羞愧的不敢看、不回答，那肯定就不是處子。終於有位姑娘見了那話兒，一臉茫然的搖著頭。土財主一再追問，最後認定她真的是沒見過此物，心中暗喜，就說：太好了，今天我就教你知道個新鮮事，這個寶貝它叫做ＸＸ。不料那姑娘聽了噗哧一笑說：你這個也叫ＸＸ，俺表哥的那個又該叫什麼呢？」

早年學校不教性教育，生理衛生課本的第七章，簡單講男女生殖器構造、性病須知等，老師很無趣的念它一遍，考試很少出這一章的題目。學校老師不講，一般家長聽到孩子提起這種事，立刻怒罵喝止。對性知識極端好奇的男孩子們，相互胡扯，吹得天花亂墜。老徐敘述自己的親身經歷，繪聲繪影，詞句不避俚俗，情節歷歷在目，而且他講起來帶有權威性；於是老徐成了我們兄弟的性教育啟蒙老師。

部隊在澎湖縣駐紮，老徐已官拜陸軍通訊少尉，騎著輛八成新的自行車，來往於鄉間村落。

「那時候俺年輕啊！騎著輛自行車一陣旋風似的過去，村子裡的女孩子個個扭過頭來看俺。」

他就和村子裡的一個漂亮姑娘好起來，懷孕了只好同她結婚，婚後就住在岳家。她的名字叫「春覺」；他說：「那陣子可叫自在哩！晚上同春覺睏覺，天天幹那事兒，幾年下來我橫豎給了她五、六臉盆子的了，甭提有多舒坦咧！」

當然他就將男女之間的房事細節一一道來，我們聽得下巴都合不攏；心中暗自琢磨，那件事兒真的這麼好玩嗎？

老徐得意的事情說不完；某次他生病，家中大小都下地收割去了，只留年輕的小姨子在家照顧他。他早就垂涎小姨子多日，四下無人假裝要水喝，水端了過來，老徐身子一歪將杯子打落在地，乘機抱住了小姨子，她說：「姊夫，這樣子不好。」

「中，中！可以的，沒事沒事。」

就同她嘴對嘴的上起勁來了。

「你同她嘴對嘴的，都是在幹什麼呢？」

「就是兩個人使勁的裹舌頭，那才叫好玩哩！」然後他就同小姨子辦了那件好事。

老徐不是光吹牛的，他在這方面的功力我親眼見識過。巷子口拐彎那一家，新來了個帶孩子的鄉下女孩，十七、八歲身材健美，曲線凹凸得近乎誇張。老徐每次進出巷口，就笑眼彎彎的同她點頭，她總是臭著張臉不理會。附近有棵大樹，鄰居經常聚在樹下閒坐聊天，老徐見到那女孩抱著小孩在樹下乘涼，就過去先同眾小孩玩耍，再過去誇讚她抱著的小孩很可愛。純粹是一片謊言，那小孩乾瘦愛哭，掛著兩道髒鼻涕。他們兩個人就說起話來，話挺多的，氣氛融洽。

幾天後老徐對我說：「中啦！中啦！你看出來沒？」

不就是兩個人閒扯，我沒看出什麼來。

「哎呀，你還沒瞧見？俺同她搶著抱孩子的時候，俺的手就在她的嬤嬤子上蹭來蹭去的，她可沒反對喲！」

對呀！想起來了，他們確實時常做這件事。

「你摸了她的嬤嬤子，怎麼樣？」

「嗨！熱騰騰的挺著，就像剛出籠的兩隻高樁饅頭，估計她還沒開苞。」

以後還有什麼發展，老徐沒告訴我。

母親不喜歡老徐；她認為老徐對我們兄弟倆，特別是我，產生不良影響；近來小方講話帶著山東口音，使用的詞句粗鄙不雅，就是從老徐那裡學來的！老母對老徐的眼睛最有意見，笑起來彎彎的像兩道新月，俗稱「桃花眼」。相書上說：「無分男女，具桃花眼者易招惹異性，有礙前程。」

母親說最近看小方的眼睛，好像也有點桃花眼的樣子。冤枉，我的長相拜父母之賜，那能怪我嗎？

父親認為老徐還不錯，我想這是因為他們能以華北平原調暢快的交談，大家都遠離家園，老爸熱心照顧老鄉嘛！有一天父親很晚才回家，沒坐老徐的三輪車，進門來一臉的不高興，他說：「老徐跟幾個人在報社附近吸毒，當場被抓，都進了警察局。」

母親立刻大發議論：

「這個人太壞了，以後不准他進家門，我老早就看出來，老徐臉上有一股邪氣。」

爸爸不斷的歎氣，自責缺乏知人之明，我們對他那麼好，這個人太不知自愛了。

因為是初犯，老徐被判入戒毒中心管訓六個月。

其實老徐他們吸毒的事我老早就知道。有一次在報社，我去小休息室找老徐，門鎖著，敲了好一會，門開了一條縫，聽見老徐說：「不要緊的，是王二少。」

除了老徐還有另外兩個老鄉，屋子裡烏煙瘴氣的，他們在抽菸？但是氣味聞起來很怪。

「俺幾個在玩蕭何月下追韓信，二少爺沒見過吧！」

他們把香菸盒子裡的錫紙剪成長方形，一端倒上一小撮白色粉末，點燃火柴在錫紙下燒著，白粉立即就變成褐色的液體球，緩緩冒出煙來。剪下香菸的硬紙盒子，捲成二三吋長的吸管，叼在嘴中就在褐色球上面吸那股煙。手中錫紙做輕度傾斜，褐色球滾向一邊，底下的火跟著燒，散出更多的煙來，嘴中吸管就跟著球猛吸，等褐色球滾到盡端，轉過來從另一頭燒，不用多久那顆球都化作煙雲，一絲不漏地被吸入口中，蕭何月下追韓信告終。然後吸食者深深吐一口長氣，咂嘴咂舌半露微笑的閉目小歇，臉上露出舒服的表情。

「二少爺要不要也來追一趟？」

我試著吸了幾口，說：「味道苦苦的。」

「是喔！小孩子嘗到的最準，日他娘的，這回俺多付了好多錢，那個狗日的還是在裡面摻了假東西。」

「你們為什麼要吸這玩意兒？」我問。

「這東西可好了，吸了它去辦那事兒，就跟上了發條似的厲害。」

老徐以右手小指留著的寸來長指甲蓋挑起一撮白粉來，他說：「就吸這麼一點點兒，幹起事來能頂四十分鐘。」

老徐一再叮囑，這事絕對不能說出去。

半年後鄉音如故，胖了一圈的老徐來我們家，向爸爸深深一鞠躬。爸爸問：「戒掉了嗎？」

「早戒了，在那地方怎麼能不戒呢？」

「怎麼蹲監獄反倒胖了，裡面的伙食不錯嘛！」

「伙食好個啥？天天吃地瓜葉子，前幾天還跑肚，不然更胖，這叫虛胖。」

老徐說戒毒的過程太痛苦了，關在單間牢房裡沒人理，不給解藥，實在難受到過不去了就用頭使勁撞牆壁，撞到失去知覺最舒服，隔不多久醒過來更加受不了。

「往後就是打死俺，俺也不敢碰那東西嘍！」

感謝王先生對他的大恩，報社保他出監獄，老徐希望能有機會再替先生幹活。爸爸沒有表明態度，說這事過幾天再說。老徐出門的時候私下裡叮囑我：「二少爺，你可得給俺上幾句好話。」

母親強烈反對，她說凡是戒過毒的人，八、九成又回去吸毒。我說：「可能老徐就是那個少數不再吸毒的人。」

「咦！你又知道了，」老母提高了聲音：「他給了你多少好處呀？」

父親是位刀子嘴豆腐心的北方漢子，後來還是安排老徐回報社工作。事實證明母親的預言完全正確，一年後老徐又因為吸毒被捕，判刑三年。

幾年後的某個寒流夜晚，隱約聽見門外有熟悉的聲音低聲叫喚：「二少爺，二少爺！」出門一看，老徐靠在牆角，憔悴的兩腮深陷下去，目光無神。這次出獄有半年了，找不到工作，上個月去一家工廠拉貨，活兒還不錯沒幾天就病了。他一直身體挺好的，現在不行了。他說：

「不中啦！蹬車子小腿肚子就抽筋，半邊頭疼，這兩天眼睛也看不真了，所以我想你就跟先生太太說一聲，老徐病得很厲害，先借幾個錢治病——。」

見到我面有難色，他止住不說了。神情沮喪，身體慢慢的沿著牆蹲了下去，一條大漢蜷曲萎縮成一團。

「前個月把澎湖家裡的跟倆孩子接了來，就在那邊違章建築裡擠著住下。天氣太冷小孩子的衣服不夠——；二少爺，治病的事就不提了，你跟太太說一聲，有那些舊衣服，舊褥子先別扔了，替俺的孩子留下來好不？」

聽得我心頭酸酸的，把口袋裡的七十塊錢掏出來給他，約好後天晚上來拿舊褥子。

一年後的春節，老徐身穿深色西裝率領妻小來拜年，他仍然消瘦但氣色不錯。最大的孩子有五、六歲了，那位澎湖來的「家裡的」，背著一個小女兒，她肚子又微微突起。老徐拿出一張名片來，雙手恭敬的捧高呈給父親，他說：

「這些年全靠著先生太太照顧，不然的話俺早就餵了路邊的野狗了。」

爸爸看了看名片，說：「哦！你現在是經理了，不錯呀！」

「幾個朋友湊錢開了個茶葉莊，我給他們看鋪子。就在衡陽路過去的那拐角後頭，二少爺沒事來櫃上玩玩。」他送上一罐包裝漂亮的茶葉。

某次我按照地址去找他的茶葉鋪子，繞了幾條街沒見到這家店。

大學畢業出國留學前一週，每天忙得團團轉，傍晚回家，母親見到我就說：

「回來啦！剛才有個女人抱著小孩找你要錢呢！」

我跳了起來，都是從何說起？母親笑著說：

「開始我搞不清楚是怎麼回事，這一年來你每天很晚回家，從來不說去哪裡，誰知道哇！你又生了兩隻笑起來彎彎的桃花眼。」

「媽，怎麼又扯到桃花眼上頭去了？」

「後來那女人把你說成『方正』，就知道不對了。再問下去她馬上哭起來，哭得好傷心。她是老徐的另外一個女人，生了個孩子，上個月老徐跑啦！她說老徐經常提到有個王家的二少爺，對他很好，所以就厚著臉皮來借錢，唉！我給了她些錢。你說這長著桃花眼的男人多麼要不得。」

25《人民畫報》在建國中學出現

矮冬瓜是我們的國文老師，個子特別矮小，只比班上最矮的同學高大概兩公分吧！讀起詩詞來廣東鄉音很重，而且會口吃，但是沒有人敢笑他，因為他生氣的時候兩隻眼睛瞪得很大，樣子滿怕人的。

同學都知道他很賊，上課時會若無其事地走到學生的座位前後，然後猛一轉身，抓到某個上課偷看小說的同學。嘲笑身材矮小的笑話，千萬不可以在他面前講，他對這事特別敏感。大家也都知道得罪矮冬瓜的後果太嚴重，因為他最是學校「人二室」（註一）的重要分子，如果被他扣上「思想有問題」的帽子，日子就不好過了。

有一天矮冬瓜在下課的時間來到教室，叫同學們搬幾張椅子到走廊上去，我身先士卒，拿起我的椅子跟著他走；因為上個星期偷看武俠小說，被矮冬瓜當場逮個正著，正在找機會力圖表現。

註一：台灣動員戡亂時期，各單位設立人事處第二辦公室，簡稱「人二」，人二室的成員經過揀選和特殊訓練，直屬法務部。他們的任務是保密防諜，向上級舉報思想有問題的分子。

在一幅大壁報的下面，三張椅子並排放好，上面再放上兩張椅子，同學們小心翼翼地扶矮冬瓜站上去，他動作誇張很戲劇化的用力將壁報撕下來，臉漲得通紅，義憤填膺的樣子、口中念念有詞：「這些人的思想有問題，思想都有問題。」

他把問題二字說成「悶台」。各班同學都來到走廊看熱鬧。

上午我看了那張壁報，是高年級某個班級辦的，上面寫的都是紀念「五四運動」的文章和漫畫。講民國八年（一九一九）在北京發生的學生愛國運動，呼籲落後的中國應該發展民主、科學，推崇德先生、賽先生，白話文運動等等，內容滿有趣的。

五四運動後兩年，父親在北京師範大學讀書，他對五四運動的評論極為正面，曾多次向我們兄弟講五四運動的故事：這個運動太重要了，它敲醒了千千萬萬沉睡中的中國知識分子。

為什麼矮冬瓜對五四運動的意見這麼大？第二天矮冬瓜在班上沒有講課，不停的大罵那張壁報：

「今天我們退居台灣，就是五四運動造成的！五四運動是滋養共產主義的溫床，共產黨藉著這個運動而興起。現在我們只剩下台灣這個僅有的反共抗俄基地，正積極準備反攻大陸，拯救身在水深火熱中的同胞，竟然還有人在這裡紀念五四運動？他們究竟是何居心？這些人的思想太有問題了。辦壁報這一班的級任老師必須要向大家解釋清楚，你是有心的想毒害我們年輕同學的純真心靈嗎？……」

矮冬瓜很激動，口沫橫飛的講了半個多鐘頭。

辦紀念五四運動壁報的老師和同學們不服氣，一狀告到賀校長那裡去。校長召集大家開會，說沒收壁報必須要有正當的理由，矮冬瓜大概在校長面前又說了他的那一套。一九一九年賀校長正在北京大學國文系讀書，親身經歷過五四運動，大概不會同意矮冬瓜的說法。最後校長裁定：沒收的壁報應立即發回。同學們將它修修補補之後又貼上去了。

矮冬瓜修理傻蛋的那樁案子也踢到鐵板。隔壁班的傻蛋和我的交情不錯，他是個塊頭粗壯、傻呵呵、個性憨厚的傢伙。同學們叫他傻蛋，聽著不很高興，他說：

「誰要是再叫我傻蛋，我就同他一對一單個比劃！」

我勸他算了，人家不叫你傻蛋，也會取一個新的外號。

「什麼新的外號？」

「人家叫你屎蛋，你又能怎麼樣呢？」

他想了想勉強接受傻蛋這個名稱。

傻蛋的興趣廣泛，貪玩，成績和我差不多爛，常常帶一些新奇的東西來學校，在同學面前炫耀；譬如大陸的郵票。當時喜歡集郵的同學多，但是誰都沒見過大陸的郵票，傻蛋帶來的那幾張「淪陷區」貨色，就很稀罕搶手了。

集郵的同學把大陸郵票傳來傳去，還用放大鏡來仔細觀察研究；發現有一兩張本來是中華民國郵政發行的，蓋上了中華人民共和國的圓印章，就在大陸通用起來了！某高年級的集郵老手說，這種郵票屬不正常的怪胎，要好好保存起來，將來它肯定會很值錢。我們彼此都非常小心，千萬不能讓矮冬瓜知道這件事情。問傻蛋是從那裡弄來的大陸郵票？這小子只做了個神祕的微笑。

有一次他帶來兩本大陸的《人民畫報》，這種畫報更是沒人見過，大家搶著看熱鬧極了。自然逃不過矮冬瓜的敏銳調查神經，當天下午兩本《人民畫報》都落到了矮冬瓜的手中。放學前，面色凝重的矮老師叫傻蛋跟著他去紅樓訓導室。傻蛋神色自若，似笑非笑的跟著矮冬瓜上樓，我和其他十幾個人跟在後面。

辦公室的門緊緊的關著，隱約聽見矮冬瓜以尖銳嗓音長篇大論的說話。大家很替傻蛋擔心，私下討論：這件事可以很嚴重，會是什麼罪名？「為匪宣傳」的罪名不小，如果他們認真的辦下來，傻蛋這小子恐怕至少要記上兩個大過，以後的日子不用過了。還有，傻蛋的家長一定也會被調查：你們從哪裡弄來的《人民畫報》，是潛伏的匪諜嗎？

傻蛋在訓導辦公室待了很久，其他同學早紛紛回教室，收拾書包回家去了。我不放棄，還站在門口等著，心中暗念：「這傻蛋真是滿傻的，平常講話又不知輕重，矮冬瓜整人從來不手軟。」

然後見到傻蛋一個人從訓導處辦公室走出來，有點踐兮兮的同我點頭，到了樓下走廊他才說：

「開始的時候那些人都對著我吼叫，問我的家長是誰？講了也不知道，他媽的，階級實在太低，連我爸爸是誰都不知道耶！」

「喔！萬伯伯是什麼階級，中將還是上將？」我問。

傻蛋踐裡踐氣的揚起頭來，微笑不作答覆，那個表情好像是在笑我簡直和矮冬瓜一樣無知，樣子滿討厭的。逼問了好幾次，他才說：

「我爸是中統(註二)祕書長。」

「矮冬瓜他們沒聽過你老爸的名字？」

「就是嘛！其中有個人說他聽過這個名字，撥了電話去問，然後講話就變得很和氣了。」

後來矮冬瓜對傻蛋說：「你回去向令尊解釋，按規定學校裡不准有《人民畫報》傳來傳去的，這樣子我們的工作很難做，以後你家裡淪陷區的東西不要再帶到學校來了。」

「你一點事也沒有？」

「當然沒有事，他們敢把我怎麼樣？」

有時候傻蛋邀我去他家混，趁大人不在，我們就跑到他父親的書房翻看東西；《人民畫

註二：「中統」是由國民黨CC派領導人，陳果夫、陳立夫兄弟組成的「國民黨中央執行委員會調查統計局」；主理情報工作。同盟會元老陳其美是蔣介石的結拜大哥，陳其美的兩個姪子陳果夫、陳立夫；在國民黨內迭任要職，曾有「蔣家天下、陳家黨」之說。陳立夫、張厲生、朱家樺等先後擔任過「中統」局長，實際工作負責人是副局長，副局長之下就是祕書長。另一情報調查單位「軍統」，是從「中統」的第二處分出來的，原負責人是蔣介石的愛將戴笠。設置軍統、中統二調查系統，以便互相箝制，保持平衡。之後蔣經國成為台灣接班人，情治單位改組，兩個機構合併為一。

報》堆在牆角有一大落，還有很多大陸出版的雜誌和書，傻蛋說他老爸每天在做重要的大陸工作。那些書報雜誌對我的吸引力不大，在傻蛋家最盼望的事就是陪萬伯伯喝酒。

他父親中等個子，蓄小平頭，神色奕奕的講著帶有江浙口音的話，很喜歡談過去家鄉的種種。下班回來吃的那頓晚餐十分講究：廚房先上來幾碟小菜，烤麩、薰魚、臭豆腐之類的，再燙一鐔子花雕酒；主菜多半是新鮮味美的魚蝦類。平常就是他老先生（最多五十歲）一個人自飲自酌，小孩子是不准上桌的。

我自幼最擅長討大人的喜歡，很用心的樣子聽講話，再順著他們的意思奉承幾句。大概我在萬府的禮貌周全，應對得體，萬伯伯很喜歡我，混到吃晚飯的時光，萬伯伯經常就叫我上桌陪他喝兩杯花雕，平時他兒子傻蛋只能在旁邊吞口水，這時候他也能藉機會湊上來吃喝，大家好開心！

某次萬伯伯教我吃一樣好東西：醉蟹。他先以鄉音做了一番解釋：上海那邊陽澄湖裡養的螃蟹是最好的，只在秋天這個季節才吃得到，螃蟹就得吃牠的鮮，從大陸運過來很不容易，時間久了就不鮮了，所以用酒把它泡起來，醉蟹的味道也很好吶！每年有朋友從大陸帶醉蟹到香港，再空運到台北。

「爸爸在那邊的學生很多，到時候一定會送好幾打過來孝敬老師的。」傻蛋在一旁做註腳。

從來沒見過更沒吃過這樣的好東西，盤子裡分到一隻醉蟹，卻不知道如何下手。就跟著萬伯伯有樣學樣：慢慢用小鉗子小叉子有系統地剝開、分解，將螃蟹各部位的肉、帶酒味的汁液，無一遺漏的緩緩納入嘴中，間或餟飲一口溫熱的花雕酒。唉！真是世間美味。

之後對我爸爸長年遵奉的飲食信條，產生了根本性的懷疑，他說：「蟹不如蝦、蝦不如魚、魚不如雞、雞不如肉、肉不如大肥肉。」

可是醉蟹多好吃呀！

26 數學二十二・五分考上建國中學

歲月飛逝，沒認真學習也沒好好的玩，我已經是初中三年級的學生。

歷史老師王建秋是我們初三級任導師；頭髮半禿，肚子凸出來，嗓音高亢宏亮，一口純粹的京片子，不時說幾句英文（他說的英文也是京味兒十足），如數家珍的講中外歷史故事和掌故，非常吸引人。某次他在課堂講十四世紀歐洲的工業革命，頭一句話就是Industrial revolution（工業革命），有如說相聲的開場白，鏗鏘生動，下課鈴響了他還在講，同學們專注不捨，教室每個窗戶外都擠滿了人頭，好多別班的同學就在走廊上站者旁聽，如此的叫座。

王老師頭一次點名，字正腔圓地叫名字，同學要大聲答：有！再直挺挺地站起來，雙臂垂直貼在兩側，他從頭到尾看你一遍，片刻再微微點頭示意你可以坐下了。我的名字被叫到，馬上挺胸站直，擺出的立正姿勢相當標準。王建秋老師的眼光銳利，如同探照燈一般上下掃描了個夠，他說：「好好兒念書啊！」（第二個好字發第一聲。）

老師們都已知道我是個不好好念書的料？其實我很喜歡上王老師的歷史課，小時候的記性好，歷史事件、年代等過目不忘，記得我的歷史考試成績不錯。

數十年後，母親在台灣搬家，翻出來許多古早老文件，她寄了一大包到我的美國住處，短函上說：

「小方：這些東西雖然老舊，都是你過去淘氣的紀錄、淘氣的姿態，你留著做紀念吧！母字。」

再度見到初三上學期的成績單，久違了，仔細讀來不勝唏噓。歷史八十七分，在班上算是分數很高的了，王老師的分數打得嚴；其他科目的成績不說也罷，嗨！又有什麼好遮掩的？大丈夫敢做敢當，不怕成績單難看；「代數六十、幾何七十二、國文七十二（國文老師矮冬瓜對我有意見）、英語八十、音樂六十八、地理八十三、公民八十、物理八十、圖畫八十二、總平均分數七十六，操行成績七十六，屬乙等；名次，第十八名。」

這是我在建國中學六年間的最高名次。第一學期在補校，至少名列前三，所以才能轉入日間部，但是想起來，拚到個補校的成績優秀，確實有點勝之不武。

在王老師的教導之下，我的表現算不錯的咧！但是在評語欄中，導師寫：「無條理、好吵鬧、有人緣」。

直到今天我只認同他三句評語中的兩句：「好吵鬧」始終如一，不吵不鬧趣味不到，只要有三個人在一起，我就能湊出一齣戲來。「有人緣」那還用說，一生廣結天下文武豪傑，不可勝數，但是敵人的數目也不少，不過我的好朋友素質高，比那些敵人高出許多倍。

說我「無條理」可真的不服氣，自己覺得一向處事條理分明，待人以誠（但有時候嘴巴不饒人）、基本上謹守本分不踰矩（其實是屢屢犯規沒被逮到）。不過王老師批評的是一個十四歲渾渾噩噩少年郎，那個小子可能做過不少無條理的事吧！

父親知道一些王建秋老師的背景，說憑他的學歷和學識，應當可以在大學教歷史。在那個年月，台灣的中小學生真的有福報，校內的老師們臥虎藏龍，許多曾在大陸念到高學位、有特殊不凡的經歷，在中小學教書真是綽綽有餘。學生最喜歡聽他們講自己的真實人生故事。

有位代課的魏老師，上國文課不看教科書，任何一篇古文、詩詞，提個名字就能一口氣鏗鏘有力的背出來，又能講出這篇文章的許多歷史背景，佚事、典故。同學們卻最

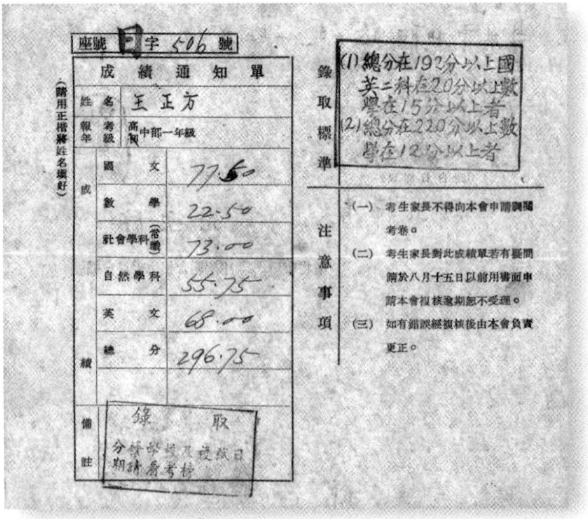

座號 [illegible] 字 506 號

成績通知單

（請用正楷將姓名填好）

姓名	王正方	
報考年級	高初中部一年級	
成績	國文	77.50
	數學	22.50
	社會學科（常識）	73.00
	自然學科	55.75
	英文	68.00
	總分	296.75
備註	錄取 分發學校及複試日期請看考榜	

錄取標準：(1)總分在192分以上國英二科在20分以上數學在15分以上者 (2)總分在220分以上數學在12分以上者

注意事項：

（一）考生家長不得向本會申請調閱考卷。

（二）考生家長對此成績單若有疑問請於八月十五日以前用書面申請本會複核逾期恕不受理。

（三）如有錯誤經複核後由本會負責更正。

1953年五省中聯考成績單。

愛聽他在山東打游擊的故事，他以特殊的山東方言描述在丘陵地帶，與偽軍、日本兵捉迷藏，放兩槍就走人，又神出鬼沒的出現，鬼子兵疲於奔命。魏老師說他的槍法奇準，彈無虛發，他做出舉槍射擊的姿勢來說：

「……我就對那個站在我面前二十幾公尺的偽軍喊：我打你的左耳朵！然後『光』的一槍打過去，那人摀著流血的耳朵逃跑啦！」

說到緊張之處，全班都不敢喘大氣，全神貫注的傾聽。

地理老師姓朱，一位高大威猛的北方漢子，腹部堅實的凸了出來。他青少年時曾遍遊大江南北，講到中國各省的山川地形、物產人文之外，總忘不了大談各地的美食，真能說得一口好菜。最令我記憶清晰的是某次他描述山東省德州燒雞的滋味，他說：

「一口咬下去，香噴噴熱呼呼的雞肉，鮮嫩又很有嚼頭，肉汁就順著下巴淌到脖子裡去嘍！」

朱老師在新疆吃過哈密瓜，但是那是個天氣很冷的晚上，哈密瓜冰到牙齒發痠，嘗不出它的味道來。新疆的日夜溫差很大，他說：

「在那個地方是：早穿棉來午穿紗，圍著火爐吃西瓜。」

多年後聽說王老師、朱老師他們，先後都去了文化大學、淡江文理學院教書。

班上少數成績優秀的同學，可以直升高中部，當然沒有我的份。父母親一再提出警告：

這次考的是台北市五省立中學聯合招生（註），一定要好好準備，考上建國中學是我們王府的第一目標！不能像上次那樣，一點書也不讀就閉著眼去考，多跟你哥學學，好好用功。唉！這一套又來了。整個暑假逼著自己早晚複習，沒敢出門鬼混，母親對我這次的表現基本上還算滿意。

林宏蔭來找我，問：「你報名考台北工專了沒有？」

「為啥要考工專？」

「哎呀！你什麼也不懂，台北工業專科學校招五專生，初中畢業生可以去考，五年之後就可以出來做事掙錢了，我們去報個名一道考考看。」

能不能考上建中高中部，心中實在沒把握。這次的五個省立中學聯合招生，建中絕對最難考，我填的第二、三志願分別是師大附中、成功中學。但是如果考得太糟就會和三年前一樣，只能上夜貓子補校了。沒向大人報備，偷偷報考了台北工專電機科。

在台北工專考完了出來，自我感覺不錯，題目都不難。與林宏蔭對了對那幾道不太有把握的數學題，發現因為性子急，犯了兩個粗心的小錯誤，其他都應當答對了。

過了一個星期，這次信心滿滿的去應考五省中聯合招生，因為我剛考過工專，算是經驗豐富了。我的媽媽喲！是哪位老師出的數學題，比譚老虎的考題還難，自然學科也難，走出考場，蹲在校園的大榕樹下發呆。看見林宏蔭慢慢走過來，他說：

「我肯定作對了三道數學題。」

聽起來他比我強多了，腦袋一片混亂，完全記不起來剛才做的究竟是哪一題對了，哪一題錯了。

晚飯時父親問我：「今兒個考得怎麼樣呀？」

我滿嘴含著飯菜，支支吾吾的出了些聲音。媽媽說：「吃完飯再說吧！」

老爸的目光從眼鏡片上端射過來，我不敢看他。飯畢老爸泡了一杯濃茶，坐在院子裡大口喝著，發出很響的聲音來，然後哼起《空城計》的那一段：

「我本是臥龍崗散淡的人——。」

他沒再追問我。

台北工專先放榜，早起去看榜，我考上了電

註：民國四十二年（一九五三）台北市五省立中學：建國中學、省立師範大學附屬中學、成功中學、台北第一女子中學、台北第二女子中學，五個省立中學；再加上台北市立女子中學，聯合招考高中生。

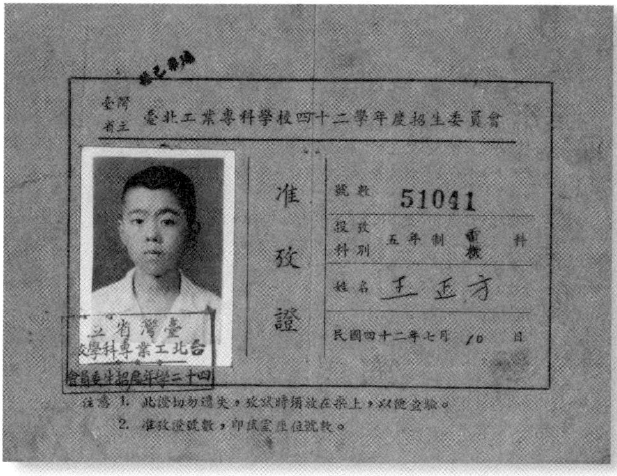

報考工專准考證。

機科，排名還在挺前面的。回來偷偷告訴老母：

「媽，我有學校上了，台北工專電機科，不過還得去口試，應該沒什麼問題的。」

「啊？又在搞花樣，都在說什麼呀？」

五省中聯合招生委員會要各考生在家靜候通知。那幾天每日早起心神不寧的在門口張望，深怕錯過了早班綠衣郵差送來的信，這份難看的成績通知單若是落入哥哥的手中，後果必定不堪設想。

終於盼到了它，通知單摺疊起來寄出，比其他的信小一半，塞入口袋躲在廁所裡，心怦怦的在跳，打開通知單先急著找數學得了幾分？

「數學：二十二．五分」！頓時頭疼欲裂，這下子豈不是整個完蛋？其他幾門的成績還算過得去：「國文七十七．五、社會學科七十三、自然學科五十五．七五、英文六十八；總分二九六．七五。」

五門學科考滿分應有五百分，我的總分還不到百分之六十，情況實在不妙。再看下去有兩行以藍色印章印的字：

「錄取，分發學校及口試日期請看考榜。」

什麼？分數這麼不好看，可是咱考上啦！衝出廁所來大喊：「媽，我考上聯考了呀！」

媽媽抬起頭來看著我，一臉狐疑。

通知單的右上角，印著幾行淺藍色的字：

「錄取標準，一：總分在一百九十二分以上，國英二科在二十分以上，數學在十五分以上者、二：總分在二百二十分以上，數學在十二分以上者。」

可見這次招考的題目有多麼難，還是考生的程度普遍低落？我考得不錯，成績超出錄取標準很多，舉家為之歡騰。大家高興的原因是：原來對我的期望非常低，這次被錄取就很好了啦！

27 那時候白先勇作文就比大家好

依第一志願上了建國中學高中部，口試後分在高中一年級C班。這是個重點班：成績優秀的保送生占一半，其他是聯合招考成績大幅超標的考生，校方把他們聚集在一起，計畫在三年之後，這班學生在考大學時飆出傲人的成績來！

我也僥倖忝列其末，免不了心中樂吱吱的足足有好幾個星期。出出進進擺出一副好學生的模樣來，實際上還是懶惰如故，花很多時間打籃球、看武俠小說、閒扯淡、談論女孩子。

班上的同學個個是高手，回答問題既快且準、作業寫得整齊正確、考試成績分數漂亮，我一下子就被他們給比下去了。一直以為自己的作文還不錯，只要逮到個好題目，盡情的發揮兩下子，就能拿到高分，然而不然。

國文老師陳肇鳳也是我們的導師，他講話慢吞吞的脾氣好，可是作文分數給得十分吝嗇，多數只給六十幾分。我自覺有一篇寫得不錯，發回來也只有七十四分，還附上評語：「似有見地，但未能自圓其說」，寫的是什麼內容也不記得了。

幾個名列前茅的同學互相比看分數，問我：

「你這次的作文有幾分？」

「七十四分而已。」

「很好了耶，我們最多只有七十一、二分，他每次都給白先勇八十多分。」

白先勇也是從初中部保送上來的好學生，他的國文、英文經常受到老師的誇讚。最頭疼的是應付不了赫赫有名的「楊三角」，這位教三角的數學老師，有個書生造型，戴著一副很不時髦的塑料眼鏡，不苟言笑，操江南口音，把三角說成「三尬」。

楊老師對作業的要求嚴格，格式一定要依照規定，演算和證明的程序必須清楚，不准遲繳，違規者扣分。到了要繳作業的那天，楊三尬站在講台上的只說一句話：「習題本子繳得來！」（來字的發音做「乃」）

此時班長早已準備就緒，將上課前就收集好的一大落習題本子捧著放到講台上。三尬師改作業很仔細，大小錯誤都用紅筆點出來，有時還說明了你錯在哪裡。三角題很多是證明題，不全在尋求它的正確答案，是極好的邏輯推理訓練。

然而我那時完全心不在焉，沒有把注意力放在任何一個科目上。頭一次的三角月考，我得分十六，全班倒數第一。三尬先生出的題目不算難，而且有五道送分數的選擇題，每題四分：問幾個簡單的三角學基本定義，我還選錯了一題；其他幾道演算證明題則是全軍覆沒。

保送班的老朋友多，他們是：小學班長江顯楨、林宏蔭、小郭、王七、瞿樹元……等，都是令人敬佩的俊彥之士、一時之選也。可是那次三角考試全班倒數第二名是瞿樹元；怎麼可能？因為那時瞿樹元把注意力放在南宋詩詞上，還沒有開始鑽研三角學是何方神聖，就在考卷上胡亂發揮起來，演算題全錯，三尬師鐵面無私，給了瞿樹元二十分，表示他只答對了了那五道選擇題，我們二人成了難兄難弟。可是自此以後，樹元開始仔細研讀三角課程，很快的就豁然貫通。對他來說三角學無異是小菜一碟，成績立刻飆了上去，他一直是保送班數一數二的優秀學生。我依舊渾渾噩噩的在班上苟延殘喘，數學成績一路殿後。

我最喜歡英語，下功夫記住許多生字，自覺發音比其他同學正確，有時在班上耍活寶，就站在椅子上，表情十足，大聲響亮的背誦林肯的蓋提斯堡演說：

「Fourscore and seven years ago our fathers brought forth on this continent, a new nation, conceived in Liberty, and dedicated to the proposition that all men are created equal...」

有同學說，你這架式就像那個好萊塢電影明星，他叫：嘰哩咕嚕・屁股（Gregory Peck），聽了這話心中喜不自勝。

父親賺外快貼補家用，在家裡教外國傳教士說中文，我不怕出醜，很敢同他們做英語對話，雖然有時說的錯誤百出。那時候的台灣英語教育，不注重口語表達能力，膽子大敢講幾句英語，並不能在英語課上拿到好分數。

高中一年級的英文老師，上課時大半時間以中文講解英文文法，花很多時間告訴大家什麼時候用the、什麼時候要用 a之類的。她偶爾講幾句英文，有點結結巴巴的，我懷疑她根本講不出太多的英語來？有這種想法就透露出對師長的不敬，終將自討苦吃。或許我的言談

高二時經常引經據典，講些荒謬好笑的事。

態度已經洩漏出這種不敬之意，這位老師對我不太滿意。

英文考試成績總是欠佳，犯太多的低級錯誤：拼錯了字、動詞的現在式、過去式混淆不清、人稱上犯錯誤，或字跡潦草等等，被一一扣分，真的很冤枉。

高中一年級上學期轉眼就過去，成績單發下來登時傻眼！三角五十七、英文五十四、國文六十七，其他科目都還過得去；沒有總平均成績，也未註明升級或留級；該生要經過補考，方能決定可否升級。

楊三尬先生鐵面無私，硬是不多給三分讓我及格；英文老師大概非常受不了我在班上的胡說八道、陳肇鳳先生給的國文分數，就和他打的作文分數差不多。操行：乙。

記憶中我的操行從來未曾得過甲，到現在還是不知道應該怎麼樣表現，才是個甲等好學生。但是陳老師在成績單的評語欄上寫了「學行俱優」四個字，它與成績單上的分數，似乎不相符合。

兩門主要科目不及格，這一年的春節假期必須準備補考，過得很不愉快。哥哥、爸、媽以責備、同情的眼光看我，每日抬不起頭來，在家裡悶著頭K書。通常補考的題目都不難，開學前一週去應考，順利通過，可是成績單上這兩門課的分數各為六十分。管它的呢，順利升級，我還是建國中學保送班的學生呀！

「成績這麼爛還滿得意的亂混，你簡直是個不知恥的東西！」老哥時常說這種話來消遣我。

真的沒有什麼恥辱感，我在班上人緣好，還是在上課時出其不意的講一兩句「逗哏」的話，擾亂課堂秩序，但是大家聽了笑開懷。逗哏可不是瞎編的，要有出處才夠水準。瞿樹元拿來一本《笑林廣記》給我看，裡面的笑話多而精采，取之不盡、用之不竭，讀後愛不釋手。《笑林廣記》是正宗的中華古典文學，它為我提供了理直氣壯的、重要的素材，我們的祖先就是這樣無所忌憚，開懷的講出幽默有趣的笑話來。其一：

當郎

一婦攬權甚，夫所求不如意，乃以帶縶其陽於後，而誑妻曰：適其用甚急，與你索不肯，將此物當銀一兩與之矣。妻摸之果不見，乃急取銀二兩付夫，令速回贖，囑曰：若典中有當絕長大的，寧可貼些銀子換上一根回來，你那怪小東西棄絕了也罷！

在班上我以白話版本，加油添醋的講給同學聽：

有位太太錢管得很緊，丈夫沒錢花。他想出一個辦法來：將自己的陽物綁在後面。某夜妻子想同丈夫辦好事，卻摸不著丈夫的那話兒，怎麼回事？丈夫說：「一時有急用，你又不給我錢，就在當鋪把它當了一兩銀子。」妻子緊張起來，拿出二兩銀子交給丈夫，要他快點去贖回來。臨出門時妻子叫住他說：「你給我聽著：要一兩給二兩，你以為我糊塗了嗎？當鋪裡有那又長又大的就多貼點銀子換一根回來，你原來那怪小的東西就丟棄了吧！」

大家都熟知之後；某老師正在訓斥某同學的成績退步、上課心不在焉等，我就插嘴：「他把那東西當了一兩銀子，心裡著急，擔心沒錢贖回來。」

全班哄然大笑，老師為之茫然，不知道這群小夥子到底在笑什麼？

陳肇鳳老師只教了我們一學期，聽說他去了省政府教育廳，出任陳雪屏廳長的中文機要祕書。陳老師有識人之明，在那麼久遠之前，已經看出來白先勇特有的文學才華。但是我當時是個理路不清、混亂無章法的少年，他為何給了我個「學行俱優」的評語呢？

28 前台灣省主席吳國楨的兒子被教官整

民國四十年（一九五一）十月十日，全體建國中學的初中高中學生、還有其他各大學中學的師生，集合在總統府廣場前列隊參加慶祝大典，人擠人的唱歌、揮動小旗子、呼口號，好不熱鬧；類似的慶典我們一年要去好幾次。

當時的台灣省省主席，是前上海市市長吳國楨。那天主席台上有什麼人，講了什麼話，事隔久遠早已記憶不清，但是我特別記得省主席吳國楨講的話。吳主席的口齒清楚，不帶鄉音，他引用了《論語》中「四十而不惑」那句話，大意是說：

「人到了四十歲以後就不再疑惑，中華民國也是一樣，今後我們就堅守反共抗俄的信念，贏得勝利，解救大陸同胞……。」

一週後老師出的作文題目是：雙十節感言；同學們紛紛引用吳國楨那天講的幾句話。為什麼至今我還記得這回事？因為那天吳主席將四十而不「惑」說成了四十而不「活」。我問爸爸：

「那個字到底該怎麼念呀？吳主席說四十而不活。」

「這話不吉利，那裡能夠剛過四十週年就不活了呢？」爸爸笑了：「不用擔心，中華民國到一百年也不會亡，你看四川那個軍閥，他叫什麼名字來的，收稅已經收到民國一百多年了。咱們吳主席這麼說話，弄不好要丟烏紗帽的。」

沒有多久吳國楨的省主席真的被撤換了；當然不是因為他在雙十慶典上說那個「惑」字的發音有誤。

記得是我讀高中一年級下學期的時候，全台灣的機關學校都在進行全面「批判吳國楨」的活動。當時的立法院長張道藩在廣播電台上批評吳國楨：「吳國楨是我幾十年的朋友，沒想到他做出這麼多對不起國家的事情……。」

吳國楨已經赴美國講學，離開台灣有一段時日了。

某天下午，軍訓總教官召集所有高中部同學在禮堂集合，湯總教官操一口河南腔，站在台上拿著一份材料，指手畫腳一套接著一套的罵吳國楨：

「……吳國楨的罪名有：擅離職守，拒辦移交等十多條罪狀……。」

大家彼此面面相覷，交換眼色，心中都明白，今天恐怕要待在這裡很長的一段時間嘍！

突然，前排高年級班發生了聲音頗為響亮的陣陣鼓譟，湯教官自以為幽默的朝著那個方向問：

「怎麼那邊亂得像巴爾幹半島似的呢？」

有同學舉手發言：

「這裡有個同學在隊伍裡亂講話。」

「同學們一定要先舉手，我准許了你才能發言，這是我們最起碼的革命紀律。那個同學亂講了什麼話？」

「他說教官剛才講的完全是胡說八道。」

事態嚴重了。湯教官命令那個亂講話的同學到講台上來；亂講話的同學個子不高，一臉不高興，慢慢走上台去，垂手立在湯教官面前。很多人都認識他，他是吳修潰；吳國楨的二兒子，比我們高一屆，應該是丁肇中他們那班的。我要是吳修潰必然也會很惱火，在大庭廣眾之下聽那教官，聲嘶力竭的侮辱自己的爸爸，誰受得了哇！

湯教官的面前有了個活教材，他講得更來勁了，抑揚頓挫、節奏加快，這套材料他大概已經記得爛熟，說起來非常流利順口。吳修潰先是一臉的不屑，然後頭緩緩垂下來；忽然他揚起頭來舉手大聲地打斷了湯總的河南快板：「教官，我可不可以講幾句話？」

湯教官不以為忤，很有自信的說：

「可以呀！你有什麼不同的意見就說說看。」

吳修潰從頭說起，聲音遠不如湯教官的嗓門宏亮，還沒說得幾句，台下有同學舉手要求發言，湯教官指著那人說：「你有什麼話要講？」

那個同學大聲說：「正在接受處罰的同學，不應該發言，我提議散會。」

台下有不少同學表示贊同，拍手鼓掌的聲音此起彼落。湯教官雙手一攤，很有民主風範的樣子徵求大家的意見：

「同學們怎麼看？贊成不准他發言的請舉手。」

絕大多數的同學都奮勇的舉起手來，我猜大家都想早點解散回家吃晚飯去。湯教官點點頭，他說：

「同學們聽懂了我今天講的這些話嗎？」

「聽懂了！」全場齊聲吼叫著回答。

「聽懂了就好，剛才沒有舉手贊成的同學，都給我站起來。」

哎喲！我也沒有舉手，因為我不贊成不准吳修潢發言，眾目睽睽之下賴不掉，只好乖乖的站了起來。湯教官說：

「這些同學也是很好的，他們有自己的想法。這樣吧！你們先留下來。其他的同學：立正！」

轟然一聲全體筆直的站起來，教官領頭呼了幾句口號，然後下令解散！頃刻間，能容下上千同學的大禮堂空蕩蕩的只剩下我們幾十個人，還有台上的教官和吳修潢。

湯教官繼續向我們這些「異議分子」進行思想教育，半個多鐘頭後，再問我們聽明白了沒有？就聽見自己的腸胃在轆轆作響，我們急忙大聲喊：「都聽明白了！」

終於獲得解散令，出禮堂門的時候，回頭看了一眼；吳修潢跟在湯教官身後快步的走出去。

回家晚了，猛啃留給我的冷菜飯。向爸媽說了學校下午發生的事。爸爸問：

「受罰的學生不准說話，你為什麼不贊成？」

我也說不出個道理來，只覺得這事兒不對勁。想了一會兒才說：

「當眾罵他的父親，又不讓他講話，簡直欺負人嘛！」

「羞辱他爸爸是另外一件事，太子等著接班，前面不能有擋路的。」父親說：「在隊伍裡講話，可以受罰，但是被指控的人有申訴權，不可以剝奪他的權利。舉手投票，少數服從多數在這裡用不上。」

不久之後吳修潢辦好手續，前往美國投奔他爸爸去了。

後記一

數十年後，蔣經國與吳國楨之間的恩怨，傳聞頗多。吳國楨任上海市長期間，與蔣經國之間發生過不少不愉快的事。國府自大陸全面潰敗，退居台灣，美國對蔣的領導深感失望。傳出「文有吳國楨、武有孫立人」之說，計畫發動政變以吳、孫取代蔣；吳孫均曾在美國接受大學教育，很能與美方溝通。後來韓戰突然爆發，美國打消了政變之議，但這項傳說未曾得到官方的證實。

一九四九年底，蔣介石急需美國支持，接受美方建議，命吳國楨接替陳誠為台灣省主席；以吳國楨「民主先生」的形象，全力爭取美援。吳國楨擔任台灣省主席時，推動台灣地方自治、農業改革，允許某些地方官員可以由選舉產生。

一九五二年，台灣省第二次縣市長和縣市議會選舉，吳國楨在台北建立培訓學校，訓練從各區選出的民眾代表；蔣對吳的培訓計畫很不滿，而且深具戒心。台灣保安司令部逮捕火柴公司總經理王哲甫，吳認為是無辜拘捕，下令放人；保安副司令彭孟緝只執行蔣經國的命令，拒不放人並判其死刑；蔣中正出面，改判七年徒刑。吳國楨與蔣經國之間的矛盾激化，無法共事。

一九五三年四月，吳國楨辭去台灣省主席一職，由俞鴻鈞接任。同年五月，吳國楨夫婦獲邀請赴美國講學開會，吳的老父與次子吳修潢不能同行，留在台灣作人質。

一九五四年台灣展開對吳國楨的批判，指吳國楨貪汙、套取巨額外匯等節。吳國楨在台灣各大報刊登啟事駁斥：「此次來美，曾經由行政院長陳院長批准，以私人所有台幣向台灣銀行購買美金五千元，作為旅費，未由政府人員批准撥給分文公款，——平生自愛，未曾貪汙，在此國難當頭之際，若尚存心混水摸魚盜取公帑，實自覺不儕於人類。」

吳國楨又公開批評台灣一黨統治，批評救國團、情治單位及蔣介石獨裁；台灣有六大問題：一黨專政、政戰掌控軍隊、特務問題、人權問題、剝奪言論自由、思想控制。

立法院長張道藩三度批評吳國楨，包括：「擅離職守，拒辦移交，私自濫發鈔票，拋空糧食；在外匯、貿易、林產等問題的處理上，非法亂紀，專擅操縱，有意包庇貪汙、營私舞弊等，列舉吳國楨十三條罪狀。」

一九五四年六月，吳國楨在美國展望雜誌《Look》發表〈在台灣你們的錢被用來建立一個警察國家〉一文。指目前台灣已是一警察國家，在台灣每年的預算中，美國人提供了三十至四十億美元，用來創造一個極權國家。美國著名報刊《紐約時報》、《芝加哥論壇報》、《時代週刊》、《新聞周刊》等，無不爭相報導。吳國楨在美國媒體刊出〈上總統書〉，批評蔣介石：自私之心較愛國之心為重，且又固步自封，不予任何人以批評建議之機會。同時吳先生把矛頭直指「太子」，主張將蔣經國送入美國大學或研究院讀書，否則會妨礙台灣進步。

蔣介石發布總統命令：「查該吳國楨歷任政府高級官吏，負重要職責者二十八年，乃出國甫及數月，即背叛國家，汙衊政府，妄圖分化國軍，離間人民與政府及僑胞與祖國之關係，居心叵測，罪跡顯著，應即將所任行政院政務委員一職予以撤免，以振綱紀，至所報該吳國楨前在台灣省政府主席任內違法與瀆職情事，並應依法澈查究辦，此令。」

吳國楨被撤職查辦，並開除他的中國國民黨黨籍。

此時吳修潢仍滯留在台北，吳國楨公開聲明要求蔣給吳修潢發護照，批准他去美國。吳國楨對台灣當局說：「如你三十天後仍堅持拒發護照，我將被迫採取其他行動。」

蔣介石命外交部發給吳修潢護照，吳國楨父子在美國得以團聚。

後記二

吳修潢同學受處罰，當時以為只是小事一樁，數十年後才知道，它是當時驚天動地劇烈政治鬥爭的一段小插曲。吳國楨與蔣氏父子的過節非常深，吳修潢滯留在台灣當人質，為父的救子心切，在美國媒體上暴露了蔣氏父子的許多事蹟。吳國楨深諳西方文化及其宣傳方式，他撰寫的文章、遣詞用語，被美國報刊廣為採用傳播，大大損傷了台灣國府的聲譽。

最耐人尋味的是吳國楨限令蔣在三十天內，發護照給吳修潢，儘速放行，否則他將被迫採取「其他行動」！吳國楨說的「其他行動」是什麼？未聞其詳，但是這句話顯然發揮了作用，吳修潢立即得到放行，去了美國。

吳國楨掌握了不少尚未暴露的蔣氏父子祕聞，這個說法應當是合理的推測？吳國楨在美國終其餘年，再也沒有公開講他過去在中國大陸、台灣的事情。

三十年後，美國舊金山發生了轟動世界的「刺殺江南血案」。台灣派出的殺手團，遠赴太平洋槍殺居住在舊金山灣區的江南。不知內情的人多以為，江南撰寫《蔣經國傳》，觸怒了當權者，惹來殺身之禍；但是真正的原因恐怕是江南曾單獨訪問吳國楨多次，正著手撰寫《吳國楨傳》。這本沒有出版的書，將道盡許多當年吳國楨未能一吐為快的政治祕聞。消息傳出，為當時台灣的層峰所不容，所以才安排了越洋殺人滅口的行動？

29 刺殺江南的和解費，稱「人道恩賜金」

家居舊金山城內，工作在郊區。下班時為了躲過市區塞車，經常到漁人碼頭的「小像館」（La Figurine）稍作勾留。劉宜良兄（筆名江南）棄學從商，記者出身的他搖身一變賣起figurines來，而且成為專家，相當了不起。La Figurine賣歐美精緻收藏品：瓷製小人、洋擺設、成套的盤子，很是講究，價格都不便宜。

我通常約莫六點鐘過後到達「小像館」，從來沒買過那裡的東西，是專門來聽江南兄談論天下大事的。這位老兄博聞強記、閱歷豐富、一肚子的稗官野史。他曾去浙江奉化拍攝蔣氏老家，專訪前上海市長、台灣前省主席吳國楨數百小時，積累錄音卡帶百多卷。保釣運動時，在美國打小報告的國民黨特務學生有誰？他都清楚。在政工幹校當學生的時候，經國先生經常前來巡視，江南兄對他的長官記憶深刻，模仿蔣經國訓話簡直維妙維肖。

六點半談話暫停，我們專注的看美國主要電視台的國際新聞。江南兄認為這個時段的電視新聞，報導全面，不可不看。學英文是一輩子的功課，一個生字要經過四十多次的反覆出現和使用，才能記得住。

也曾多次到他家中繼續敞開來臭聊，夫人崔蓉芝賢慧富態，話不多，通常只笑瞇瞇的聽著。我們的話題最後總離不開《吳國楨傳》，江南在喬治亞州的薩瓦那鎮（Savannah, Georgia），為吳老先生作口述歷史錄音，條件是要等到吳國楨百年之後，這段獨門歷史才能發表。

一九八四年吳國楨老先生剛去世，江南已迫不及待寫了一、二篇文章在香港發表，透露了些許辛辣的新書內容，敬請期待。我們經常談到這本獨門內幕報導，出版後肯定會轟動一時。我問他：「書什麼時候出版？」

他笑著指一指堆在書桌如小山的錄音卡帶：「都在這裡。」

我覺得他出這本書還得等一段時間，要將這堆卡帶整理出個頭緒來，得花去不少的功夫。蓉芝嫂完全不進入情況，大概幫不上忙。但是也說不定，江南的精力和記憶力都十分驚人，有一天他大發神勇，不眠不休一氣呵成將它完工，亦未可知。

一九八四年九月我赴大陸拍戲之前，去La Figurine看江南，他預祝我拍戲順利，頗多勉勵。又談起《吳國楨傳》來，保證會比《蔣經國傳》精采多多。

十月底，我在大陸偏遠地區拍戲，與世隔絕，某日讀到好幾天前的舊報紙，有一則新聞：

「劉宜良（筆名江南）在寓所遭槍殺不治，相信是台灣派去的凶手所為。」

一時被憤怒吞沒，無法自持，我在現場摔桌子打板凳，遷怒、使性子，不近情理的大發了一頓脾氣。

回美國後，日日追蹤這樁案子。凶手萬里越洋白晝狙殺美國公民，得手後竟然揚長而去，囂張不可一世。發生在號稱以尊重人權為立國精神的美國本土，讓美國老大哥面子上掛不住，以後還怎麼用人權紀錄來評論其他國家呢？

CBS電視台最具影響力的新聞雜誌：《六十分鐘》，曾以四分之一的時段報導江南遇害事件。主持人黛安莎耶（Diane Sawyer）咄咄逼人，追問某國府官員，該官員支吾以對。莎耶女士預告，他們要繼續追蹤這件案子。但是CBS的《六十分鐘》節目，或其他美國電視節目，從此再也沒有提江南案的隻字片語。

在美華人和華裔美國人對此並不感到意外，山姆大叔的人權分三六九等，美國民權運動，為非洲裔爭取到的權益，華裔連殘湯剩水也分不到點滴。華裔人口太少，平時不投票，事到臨頭哭天搶地也是枉然。華裔美國公民陳果仁，在酒吧與人口角，被一對白人父子用棒球棍子活活打死，最後凶手判決無罪。

江南案在美國虎頭蛇尾，有人推測，是國府派人疏通，出優厚條件，說服美方壓下這則新聞，理由是：這是中國佬（Chinamen）之間的恩怨仇殺，老大哥就省省事吧？真相如何還是個謎。

海外華人知識分子，當時對江南案的反應極為強烈，數百位知名學者、名流聯名簽署一封公開信，嚴辭譴責台灣政府。國府暗中執行化解策略，有號稱「才子」的部長級官員，向香港某雜誌透露「內幕」：江南是雙面間諜，拿了國民黨的錢去奉化拍攝蔣家陵園，又接受對岸資助寫《蔣經國傳》誣衊元首等等。這則獨門新聞必須馬上刊出，限二十四小時答覆，逾期就發給別家了。這份雜誌一向支持海外保釣運動，頗有點影響力，曾刊登過江南第一篇有關《吳國楨傳》的文章，眾多讀者反響熱烈。雜誌社老闆緊急徵詢各方的意見：是否應該登這則消息？

我堅決表達了反對意見：明明是國府圍魏救趙之計，模糊是非，更涉嫌人格謀殺，秉持新聞道德，不可以淪為台灣國府的幫凶。但是此雜誌還是一字不漏的立時刊載出來，理由是：讀者有知的權利，也是新聞工作者的天職。那一期的銷路大增，該雜誌成為「江南權威」。

「兩面間諜」之說迅速傳開，許多華裔名流學者撤銷了他們在抗議信上的簽名。「才子」部長立大功，因為他非常了解海外知識分子：他們或許精通某項專業知識，知書卻不達理，分不清越洋冷血殺人和所謂的兩面間諜是兩回事。主使暴徒殺人，無論殺的是誰都是萬惡不赦的罪行。百無一用的書生懦弱怕事，就一一明哲保身起來。

數年後在紐約有一場討論會，邀請統、獨立場不同的人士出席。其中有「江南案」小組討論，江南遺孀崔蓉芝將出席。該討論會列入「江南案」為了暴露台灣政府的罔顧人權，只是會議中的陪襯。見到久違的蓉芝嫂，那天她氣色尚好，最困難的階段應該過去了吧！

江南的《蔣經國傳》，傳記中有對經國先生批判之處，總的來說是「小罵大幫忙」，而且該書出版已久。江南的殺身之禍來自尚未問世的《吳國楨傳》，他錄下的吳國楨口述歷史，必然有轟動世間的蔣氏父子祕聞。經國先生在台灣已樹立了廉潔無私、勤政愛民的正面形象，不可破壞動搖，殺機莫不是由此而生？蓉芝嫂告訴我，她已經向美國法院控告中華民國政府。

台灣自說自話的進行江南案司法程序，抓的抓、關的關，真正幕後主使人是誰，始終不問，到現在還是語焉不詳。最高辦到汪希苓，判無期徒刑，六年後出獄。其他主犯也陸續坐了幾年牢，然後繼續他們的快意人生。

一九九〇年，國府和蓉芝嫂的官司在美國獲得庭外和解，台灣賠償劉宜良家屬一百四十五萬美元，條件是交出來一百多卷吳國楨口述歷史錄音卡帶。這等於是國府認了罪，花錢取得絕不能外洩的錄音帶。在美國的華文報紙上有一則消息；「台灣外交部從特別費中支付劉宜良家屬賠償金，苦無名目，就叫它作『人道恩賜金』。」

多少年前的事了，現在想起此事來我還是會氣得七竅生煙，髒話不可遏止的噴出！預謀越洋殺人得逞，這算是哪門子的「人道」，還要說這是「賜下恩惠」，欺人太甚！封建皇帝派血滴子辦案，屬見不得人的勾當，事後也羞於說成這是天子的恩賜！一九九〇年台灣已經自稱全面民主了，卻還在使用封建時代的名詞：恩賜，明明是冷血殺人無法抵賴，用錢擺平，卻以居高臨下的傲慢之姿說是在執行「人道」，賞幾個錢給受害人家屬，好大的恩典！當時的台灣執政者，鮮廉寡恥到了這種地步！

台北近郊景美有汪希苓（下令槍殺江南的官員）軟禁特展區，經過名藝術家設計，成為一個尊重人權的標誌！越洋殺人的司令官，在台灣受到象徵性的懲罰，讓本案到此為止，不再追究下去。汪將軍在獄中渴望自由的那點子懊惱情緒，還要設立博物館，博取他人的同情和紀念。江南在家中遭人持槍近距離殺害，剎那間永遠喪失了活下去的權利，有誰為他打抱不平？許多高喊人權平等的政治正確人物，對此漠不關心視而不見。或許冠冕堂皇的「人權」之說，永遠只是個為執政者提供方便的政治符號。

在台灣，提起人權、白色恐怖，彷彿只有「二二八」一件事。有人說，江南案得不到綠色政治集團的關注，因為劉宜良是外省人？美國人權實際上只屬於白人至上族群，這位歸化的亞裔公民，很難分到一杯羹。

江南是個在任何地方都無法享有人權的「邊緣人」，在充滿人權騙子的世界裡，「外省人、邊緣人」得到些許主子的「人道恩賜」，就該心滿意足了？

30 白色恐怖促成的姻緣

早聽說小學六年級的導師張書玲結婚了，高二那年瞿樹元、林宏蔭和我三個小學同班同學，一同到張老師家去，當然沒有預先約好，那個時代誰家有電話呀？亂敲了一陣門，一位長頭髮、眉宇軒昂的男子開了門，聲音低沉：「你們找誰呀？」

幾個小子愣住了，說不出話來，然後聽見大家熟悉的笑聲，張老師滿面春風，驚喜的招呼我們進去。介紹她的新婚夫婿：

「他是劉煜，藝術專科學校的美術老師；你們就叫他劉老師。」

張老師一一仔細的看著我們，然後問：

「都長得這麼高啦！樹元還是門門考第一？正方最近寫了什麼新作品？」

慚愧，這陣子一連幾天的日記都忘了寫。張老師說林宏蔭最有美術天分，宏蔭的臉立即紅了起來。劉老師同我們談美術、畫素描應該注意那些事、用彩色要掌握竅門……。

他拿出一張用鉛筆畫的張老師素描來，很搶眼的一襲長髮、戴著那副招牌黑框子眼鏡、笑得好開心；還有一組在台南街頭的寫生畫，簡單的幾筆就畫出市集、街邊上的形形色色：

廟前的攤販、牛車、臥在樹下的老牛、往來行人等，特別生動。

劉老師是東北吉林人，滿洲國時期去了日本學美術，學院老師很欣賞這個中國學生，說他的畫有特別的一種關懷之情。全面抗日戰爭開始，他不願意再留在日本，中斷學業回祖國參加抗戰；八年抗日、國共內戰，走遍了大江南北，到台灣之後曾在台南工學院當助教，成立不久的台灣藝術專科學校，聘他去教書。

我們對劉煜老師的印象非常深刻，他說話慢吞吞的，透出來他有學問也帶有權威性；而且這位張老師的先生是個帥哥。

在海外晃蕩數十年，回台灣後專程去拜訪張老師，她怕我找不到地方，老早就站在巷口等著。我在遠處見到一位頭髮花白、體型肥胖的老太太，伸著頭左右的看往來行人。

他們從教師崗位上退休好些年了；張老師感嘆：

「老了、胖了，你看黑頭髮剩不下幾根、行動慢、眼睛不好、記性特別不行……。」

經過五分鐘的熱身寒暄，二位老師就把我當家人一般的聊個沒完，樁樁往事說不盡。張老師絮絮叨叨地告訴我她治療乳癌的經過，幾年過去沒再犯病。劉老師在客廳練太極拳，表演熊經、鳥伸等動作，緩慢的有如電影慢鏡頭解析。他們的退休生活簡單有規律，一兒一女都長大成人工作有年。

有件事幾十年來一直沒弄清楚，我問：

「當年兩位老師是怎麼認識的？」

「國語實驗小學的祁校長介紹的，說這個年輕人不錯。」張老師笑著說。

「祁校長和我是監獄裡的同室難友。」劉老師插進來講這一段：「『白色恐怖』促成了這段姻緣，台灣的白色恐怖我可沒缺席，那時候我在台南工學院當助教，他們進宿舍翻到一本書，第二天就把我抓進牢裡去了。」

「劉老師坐過牢？」

「是啊！那時候從大陸來台灣的年輕人，統統被懷疑思想有問題，進出監獄如同家常便飯。張老師也蹲過監獄。」

「說你那一段就好，別扯上我的事。」

「是本什麼書呀？」

「藝術理論的書，他們說是一本有左派思想的書，我還沒看完呢！祁校長同我關在一間牢房裡，共患難了大半年，挺談得來的，套句老話：建立了革命感情吧！」

台灣早年的調查人員，隨時可以侵入私宅，任意搜索。懷疑劉老師思想有問題，不由分說就將他捉拿到案，監禁七個多月。在獄中不准與外界聯繫、不公開審訊、不判決，私刑拷打是常有的事，最後認為此人「尚未參加叛亂組織」，暫時釋放。

「祁校長出獄之後不當校長了。」張老師說：「有一次見到他，談了一會兒就問我你現在有男朋友嗎？挺不好意思的，人家是長輩，我紅著臉回答：還沒有呢！校長說：那我給你介紹一位很好的年輕人。」

張老師笑聲不止，面龐泛紅，又憶起了當年的青春浪漫歲月？

祁校長進出監獄，為的是那樁案子？這件事我聽父親多次談起過。父親和祁校長在大陸就是老朋友、老同事（在爸媽的結婚典禮上，祁校長寫了一首詩，其中有「相識相愛、相合相凝、樓上樓下、脈脈兩情」等句子），那次祁叔叔入獄，我爸曾為他奔走營救，說純粹是一場誤會，因為調查單位想逮捕的是口不擇言、經常批評時政的王大爺。

王大爺隻身在台，他的宿舍較寬敞；祁校長有四個小孩，人多屋子小，擁擠不堪。這幾位老哥們兒在台灣互相照顧；王大爺主動和祁叔叔換房子，搬完家安頓下來沒幾天，調查人員就奉命來抓這個地方的男主人，對象本是王大爺，卻不問青紅皂白將祁校長捉將官去。

早年冤枉入獄的人太多了，難以數計，也沒有確切的統計數據留下來。祁校長一旦進去了，出來就萬難。當時流行一句話：「有錯拿沒錯放。」經過反覆審訊，十幾個月之後得到「事出有因，查無實據」的結論，予以釋放。

口無遮攔的王大爺，還是繼續發表高論，調查單位卻一直沒有來麻煩過他。非但如此，王大爺後來和他成人語文班上的一位女學生結婚了，老夫少妻恩恩愛愛的，讓一班老朋友們，包括我爸爸，個個羨慕得要命。曾偷聽爸爸和祁校長的聊天，老爸說：

「這老傢伙是哪一世修來的福？下班回家，有熱菜熱湯等著他，晚上就把他的大ＸＸ一掄，夜夜與新人共枕，樂以忘憂，不知老之將至云爾！」

促成王大爺這樁好事的是張老師，她慢慢同我道來：「你的那位王大爺是我的老長官。

有天私下找我談，說班上有一個女學生，在作文裡寫了許多仰慕他的話，心動不已，礙於師道嚴、師道尊，該怎麼辦才好呢？我自告奮勇替他想辦法，先認識了那位同學，轉告她王老師的心意，替他們傳話、安排約會。你看後來他們在一起多好，從來沒有拌過一句嘴，白頭偕老。」

王大爺受過五四運動的洗禮，是位思想極解放的先進知識分子，對兩性關係的看法和做法，遙遙領先超越了他的同儕。但是一旦遇上了令他情不自禁的淑女，豪邁不羈的王大爺，卻又情怯起來，需要張老師的幫助，方才成就了這段姻緣。

張老師喜歡同我聊過去的事，她說：

「抗戰勝利後在南京讀師範學校，生活清苦，十幾個同學住一間宿舍，抗戰時忙著逃難，沒有機會念書，終於正式上學了，個個都好用功。內戰打得激烈，大家很不安。有人組織『反內戰、反飢餓』大遊行，同學都參加了；在街上走了幾個鐘頭，揮舞標語、呼口號，大聲唱〈團結就是力量〉、〈中國一定強〉那些著名的抗戰歌曲。」

張老師的表情從興奮變成凝重：「後來班上好多同學，因為這件事給抓了進去。」

「您是因為那次遊行進了監獄，在裡面受罪了？」張老師淡淡的笑著，仰起頭來招呼女兒：

「快沏一壺好茶來請妳師兄喝。」

她也提起過起早年台灣的「群社」案：同學們組織讀書會，研讀左派書籍，好幾個大學

劉老師的名畫〈垂死的駱駝〉。

的同學都被抓走、失蹤了。我問：

「您是因為參加讀書會，被牽連坐的牢？」

張老師不置可否，又把話題岔開。

數年後張老師的女兒告訴我：老師癌症末期，經常疼得徹夜難眠。某夜老師突然一五一十詳細地說她入獄的原委，在監牢中的痛苦煎熬。女兒振筆疾書一一記了下來。次日清晨，她怎麼也找不到昨晚的筆記，原來母親趁她熟睡，將筆記燒成了灰。正要發作，老媽媽顫抖的手，按住女兒肩頭說：

「孩子，都過去了，知道這些事對妳沒有好處。」

台灣歷史博物館畫廊，舉辦台灣藝術大學退休教授劉煜的畢生回顧展，大小三百多件畫作，有速寫、素描、粉彩、水彩、油畫等，時代跨度八十年，劉老先生這年九十四歲。

開幕式盛大，來了許多位官員、藝術家、名流。展覽場地寬闊，布置設計得非常用心而有品味，是年度重要的美術展覽。

仔細地看了劉老師的豐盛作品，彷彿走過一遍近代中華民族苦難現代史、台灣六十多年的發展史。展品中有劉老師早年在吉林老家的毛筆漫畫、寫生，在日本留學時的作品，抗戰時期在大江南北奔走，他以畫筆一一捕捉當時的情景，有一九四七年台南的街頭巷尾……，是劉老師獨特的歷史描繪，也是藝術傑作。

然而這只是我這個門外漢的一管之見，當今的美術評論家們有更精闢的立論，他們說：

「劉煜的油畫明顯的受立體主義影響，卻不完全是立體主義，他更表現了對人性、世道關懷的深刻情感。這種人性關懷自年少時期即形成，歷經戰爭的苦難、戒嚴的壓抑，化為創作動力。他的繪畫，沒有抗爭、掙扎，以默默承受、堅毅的自持，來表達抗議和對命運的不屈。」

「劉煜老師是一位築夢的畫家，永遠保持天真、愉快與自然的態度，他是畫家中的畫家。」

張、劉兩位老師是不求名利，長年低調默默耕耘，真誠無私的教育工作者，受到他們愛護、啟發、培育、茁壯而有成就的子弟，不可數計。某貴賓是劉老師早年的學生，在開幕儀式上致詞，講到當年老師和師母的照顧，數度哽咽泣不成聲。

張老師沒有出席開幕式，一個星期前，她因病離開了人間。

31 我們敬愛的化學老師，是假釋出獄的匪諜

升入高中二年級，一切謹慎小心，以及格過關為主要目標。

高二級任導師是吳治民老師，一位身材消瘦的中老年人，不論天氣有多麼熱，他總穿著潔白的襯衫，繫上領帶、領帶夾子、袖扣來上課。長長的臉，聲音宏亮，言語清晰，帶著河北省口音，夾雜點家鄉用語。上化學實驗課時，他說：「照的像，以五個克分子的碳酸鈉，過淋……。」

同學們聽不懂，化學實驗還要照相的嗎？紛紛來問我，我祖籍河北，小時候聽過夠多的河北鄉下話，很熟悉吳老師的口音，我說：「『照的像』是好比的意思，『過淋』就是過濾。」

吳老師的經歷豐富，在大陸做過河北省國立第一中學教務主任，他編的高中化學教科書，普遍為全中國大陸中學所採用。當時我們用的化學課本，也是吳老師編的，封面上的編者姓名是：吳國賢。

吳老師教化學，注重引發學生的趣味；背誦化學元素週期表，必須花功夫硬記。他把五

個元素編成一句：「鉀鈉鋇鍶鈣、鎂鋁鋅鎘鐵、鈷鎳錫鉛磷、銅汞銀鉑金……。」

讀起來像五言詩句，還能押上個韻，背誦起來挺順暢。他還在課堂上教我們如何念唱，搖首吟哦，像是在讀古詩詞。

吳老師改作業和實驗報告都十分詳盡，多次我沒時間寫完作業，當然就抄同學的。終於被發覺，他用紅筆在我的作業簿上寫的有：姑念初犯，罰重做；又說：抄襲別人的功課不道德，也不公平，對自己的傷害最大。

吳老師很費心的看我們的考卷，跟著同學的演算一步步看下去，總能找到你在哪裡出錯。分數給得慷慨，做錯的題目多數也能得到一部分分數。

導師每週都要批閱學生的週記，他在每個人的週記上都寫上幾句，談一談你這一週的心得。有位同學綽號臭腳大仙（他光著腳穿球鞋，怎能不臭？），此人喜歡跩文；某次他的週記被吳老師拿出來與大家分享；臭腳大仙抱怨導師偏心，又用了句「不恥下問」的成語，大仙最後有結語：「嗟乎！執政者之偏心亦明矣！」

吳老師覺得臭腳大仙的文筆好，寫的有意思，先大聲念了一遍。再說明自己絕對不是個「執政者」，更不偏心，對用功的、不太用功的同學都一視同仁。那句「不恥下問」用得欠妥，學生問老師不是下問。

我就屬於不太用功（其實很不用功）的學生，化學這一門課，勉強跟得上而已，在班上的表現基本上乏善可陳。父親有一次叫住了我，說：

「我昨天碰到你們的吳老師，問他我兒子在你班上，表現得怎麼樣呀？吳老師想了好一會兒才說：我看他身體滿健康的。這是怎麼一回事呀？」

我胡亂應付著，穿上鞋子一溜煙的出門去了。

吳老師教的化學，內容如今我一點也記不得，統統還給他了。然而他在班上講的許多故事，我依然忘不了。

其一，埋了還沒死呢！吳老師自北京師範大學化學系畢業，得到好幾個工作；最令他心動的是去湖北省大冶煤礦當工程師，但是父母堅決反對，說：「兩種工作千萬不能幹，下煤礦和開飛機；下煤礦是埋了還沒死，開飛機是死了還沒埋呢！」

拗不過老人家的古板想法，他選擇了在中學教書，一眨眼就過去了大半輩子。

其二，你想同她結婚嗎？中西文化有很大的差距。吳老師結識了位美國朋友，東方的禮貌總會問候對方的家人，他問美國友人的母親：老人家身體好？謝謝，她很健康。你母親今年多大歲數了？對方不理。追問再三，美國朋友反問：「怎麼樣，你想同她結婚嗎？」

其三，誰和妳「們」哪？賢慧的妻子，做了體己私房好菜，下班很晚的丈夫立刻狼吞虎嚥的大口吃起來。太太說：要不要送一點給樓上的爸爸媽媽？用不著，他們跑過江湖的，什麼好東西沒吃過。也得留一點給孩子們吃呀！嗨！他們的日子長，以後機會多得是。那麼就咱們倆吃呀！咱們？誰跟妳「們」哪？那男人一下子把好菜全吃光了。

吳老師發過脾氣。某次做水分解實驗，得到的氫氣是易燃物，必須小心處理。有位同學藝高人膽大，把大量氫氣存放在一只大玻璃燒瓶裡，然後故作驚恐的點了根火柴，假裝去燒氫氣，不小心真的點著了，一聲大爆炸，玻璃碎片到處飛。吳老師從實驗室的另一頭飛跑過來，確認沒有人受傷之後，衝著肇事者吼了幾句：「你這孩子怎麼那麼不聽話！」又握起拳頭重重的捶了那小子的肩頭好幾下。

高中畢業考完大學聯考，放榜之後大家好開心，班長組織了一次陽明山郊遊，邀請吳老師一同參加去。老師沒來，班長念了吳老師用文言文寫就，文辭簡潔的信：祝賀大家都有個美好、充實的大學生涯。還記得其中一句：「民（指老師自己）已老朽，來日無多……」那年吳老師大概有六十歲吧！

三十多年後我應邀從美國回到台灣拍了《第一次約會》，中學生成長的劇情片；就是以吳治民老師為譜子，塑造電影中的化學老師，名演員石雋大哥飾演這個角色。電影中重溫了我們青少年時期的許多趣事、荒唐事，但是礙於當時的政治環境，吳老師在建國中學教書期間遭受到的白色恐怖迫害與磨難，不敢敞開來明講。

吳老師牽涉到著名的「于非蕭明華案」案，他與他的兒子一同入獄，被判刑五年，兩年多後獲得假釋，再度回建國中學教書。記得那時候吳老師一個人帶著孫子，住在建中教職員宿舍，孫子有一張長臉，長得和爺爺很像。

吳老師在建中教過許多學生，他真誠有耐心、諄諄善誘、既嚴格又慈祥的教學方式，不少同學受到他的啟發，用功讀書，激勵向上。諾貝爾物理獎得主丁肇中，曾撰文紀念吳治民老師。

另一個例子：我們家老哥上了吳老師兩學期的化學課，下定決心要當化學家。高中畢業，哥哥保送讀台大化學系，又赴美國加州柏克萊大學獲生物化學博士學位。之後在美國Merck藥廠任高階研究員，貢獻頗多，他研發成功治療「河盲症」的特效藥。

「河盲症」曾在非洲為害甚烈，病菌通過河中寄生蟲，附在人體內繁殖，導致失明。在非洲的許多村落，常見到一隊盲者，每個人伸手搭在前面那人的肩膀慢慢走，最前面領路的是一個尚未失明的小孩。「河盲症」特效藥，通過聯合國送到非洲「河盲症」最嚴重的地區，病情得到控制，治癒了數百萬「河盲症」患者。

吳老師默默耕耘一輩子，造就英才無數。如果吳老知道還有個調教出來的學生，令數百萬非洲人免於失明之苦，或許可以為他的憂患生涯，帶來些許欣慰？

偶爾腦海中會浮起一幅我曾見到的景像：黃昏時分，吳治民老師走出教職員宿舍，四處張望，大聲喊他的孫子：「鐵生、鐵生！」

一個五、六歲的長臉小孩，踏著小三輪車，飛快的從操場另一頭奔了過來。

後記

數十年後查到已公開的資料：一九五〇年，建中化學老師吳治民和他的兒子吳乃天同時被捕，案由：

中共派來台灣發展組織的于非，是吳治民的姪女婿（吳老師的姪女不是于非在台灣的妻子蕭明華）。

吳乃天曾在保密局電機製造廠工作，于非屢次要求吳乃天替他製作無線電收發報機，被吳乃天拒絕。當時台灣治安單位向社會大眾提出的口號有：保密防諜、匪諜就在你身邊、知匪不報，與匪同罪等。情治單位認定，吳氏父子一直知道于非是負有任務的中共潛伏分子，卻長久沒有向有關單位告發，案發後于非逃離台灣，治安單位以「知匪不報」的罪名，起訴他們父子二人。一九五一年，吳治民老師五十六歲，判刑五年；三十七歲的吳乃天在審判期間因病重保外就醫，隔天病逝於建中宿舍。

兩年後吳治民老師獲得假釋，回到建國中學教書。吳老師出獄後在建中教的第一班學生，就是我哥他們，兩年後吳老師做我們高中二年級C班的導師。

32 淚灑建國中學校長室

這天上午只拍兩場外景，都在建國中學。

第一場：一九五〇年代的三個建中同學，騎著腳踏車開心的談笑進了校門。學校有規定，在進入校門時下車走幾步，對學校表示敬意，再繼續前行；他們三個都沒下車，校門口隱蔽處有軍訓教官埋伏，一躍而出抓住三同學的一名，其他二人快速踏車逃去。

第二場：軍訓教官指著犯規同學臭罵，然後罰他在校園內踢正步。許多同學旁觀竊笑。

一九八八年我應中影公司的邀請，從美國回台拍一部劇情片，片名：《第一次約會》。自己寫的劇本，講我在建中讀書時，渾渾噩噩青少年的成長經歷，略作戲劇處理的真實故事。劇中的老師就是當時最受尊敬的化學老師吳治民，請到名演員石雋飾演吳老，年輕演員有張世、李興文、謝祖武。這是我頭一次在台灣拍電影。

三十多年後重回建國中學，變化很大，只有大門和紅樓還維持著早年的模樣。門前南海路的交通頻繁，雜音多無法同步錄音，攔住其他過往車輛很困難。好幾次一個鏡頭幾乎完成了，總會有一輛機車鑽空子呼嘯而過，破壞畫面，前功盡棄。幾個簡單鏡頭：三同學騎腳踏車進校門，煞費周章，耗掉整個上午拍得七零八落的，不甚滿意可是沒辦法，試著說服自己，有幾個勉強可用的鏡頭，以後在剪接室裡再想辦法吧。

午休之後在校園內拍教官罵學生的一場戲，環境可以安排控制，應該困難度不大。詩人管管飾演一位聲音宏亮色厲內荏的軍訓教官，操起鄉音來說著一篇「反共抗俄」的大道理，演員張世面露恐懼，以筆直的立正姿勢聽訓。管管兒畢業於北投政工幹校，這一套官樣文章他可是太熟悉了。拍攝過程尚稱順利。

在一旁圍觀的同學不少，都很合作，正式拍攝錄音時能保持安

建國中學紅樓前的蔣公銅像。

靜，年輕人好奇，想知道拍電影是怎麼一回事吧！我注意到人群中有位中年人，一直很注意的觀察攝製組的拍攝過程，他不時皺起眉頭，喃喃自語。在更換另一個機位的時候，我坐下來略作休息，那個中年人走過來說：

「你就是導演嗎？」

「對的，請問您怎麼稱呼？」

「我是本校的訓導主任，請你同我去一趟校長室。」

看他的凝重表情，好像在指控我們犯了十惡不赦的大罪一般！

「主任好！我們今天來拍戲經過了申請批准，只在校園的這個角落拍幾個鏡頭，不會影響貴校正常活動的。」

我的製片主任拿過來一份申請書，請他過目。這位教導主任不屑的瞄了一下申請書，仍然堅持必須要去見校長。怎麼辦呢！在人屋簷下，焉得不低頭。爬著少年時很熟悉的建中紅樓階梯，校長室還在同一個地方。

校長體胖頭髮稀疏，看來有六十歲了。訓導主任大聲對校長說：「這個導演在校園拍電影，講從前的建中；但是他們醜化建中形象！」

「我是建中的畢業生，對母校的感情非常深厚，專程從美國回來拍這部電影，絕對不會醜化建國中學的形象。」

「我在旁邊觀察了很久，那個演教官的演員根本不對，教官怎麼會那麼凶？」

「他是名詩人、名演員，以前就是教官。」

「幾個建中同學戴的帽子如同匪軍八角帽一樣，更不符合事實。」

豈有此理，他馬上給我扣了頂紅帽子！暗自叮囑此時不能失控，要是跟他治氣，馬上就壞了大事。我耐心的解釋：這是一部真誠、寫實的回憶錄形式的電影，講幾個要好的同學，當年在建國中學學習成長的有趣經歷。劇本早就送給你們審核了，應當是沒有問題，所以才核准我們今天來拍戲呀！您可能不熟悉一九五〇年代的建國中學，那個時候我們雖然也穿卡其布制服、戴大盤帽，大家喜歡把大盤帽頂部的鐵圈抽掉，在帽子周邊塞一圈舊報紙，軟趴趴的樣子覺得很帥，成了那時候的時尚，不是共軍的八角帽。

訓導主任不是建中畢業生，對古早年的建國中學可能很陌生，聽不進去我在講什麼，就一直在那裡堅持己見，認為電影中的建中學生裝扮得如同匪軍一樣，不可容忍，這部電影必須停拍。

校長發表意見，其實他是在訓話，講起來滔滔不絕，不用換氣的。他說：「建國中學是台灣最好的學校，我們必須維護繼承這個優秀傳統……。」

我完全同意，我就是這個優秀傳統下調教出來的。「我們要將它發揚光大……」

太對了，所以我才不遠萬里而來拍攝這部電影。

「我們建國中學擁有一個非常正面的形象，不容汙衊……。」

訓導主任在一旁頻頻點頭，趁機插了句嘴：「他們把同學弄得像匪兵。」

我完全插不進嘴去，校長繼續訓話：

「我們建中畢業的校友，很多在社會上都有很了不起的成就……。」那還用說嗎？我們那幾屆的同學，在國際上打響知名度的，我馬上可以為您數出一連串的名字來。

「……可是也有同學在國外不認真學習工作，搞什麼台獨運動，很要不得！有一個叫做什麼名字的，他還是那個什麼組織的主席……。」

訓導主任立即說出那個校友的名字來。什麼意思？校長懷疑我是海外的台獨分子，來到此地做工作？簡直對錯了號，扯得太遠，完全離譜。過去十餘年來，在美國的「反共愛國聯盟」組織，一直把我當作「附匪文化特務」，在他們的通訊刊物上，不時撰文辱罵修理我。唉！校長哪裡會知道在美華人的種種動態。

校長口沫橫飛，愈說愈帶勁，我只得屏住氣，靜靜等候他發揮完畢。窗外的枝葉影子映在紅樓的窗戶上，依然是當年在此讀書時的舊模樣……，哎呦不好！看這陽光已經逐漸微弱，都是什麼時辰啦？再過一會兒夕陽西下，餘下的鏡頭拍不成，整日的工作就報廢！

望著校長不斷開開合合的嘴巴，卻聽不到他在說什麼。焦躁萬分，當此際分秒必爭，我管你說什麼共匪、台獨的，就很不禮貌的大聲打斷了校長，大聲的說：「從前建國中學有位化學老師吳治民你們知道嗎？」

他們被我的無禮怔住了，想了一下略略頷首，表示聽說過。

「他是我高二那年的導師，這部電影就是為了紀念我們難以忘懷的吳老師……。」

我情緒激昂的陳述當年吳老師教我們的歷歷往事：風趣的語言、耐心的教學、把化學元素編成五個字一句的押韻詩句、仔細批閱我們的作業和週記……；許多同學受到他的鼓勵啟發，畢生努力向學，有的得了諾貝爾獎、更有好幾位成為國際知名的重要學者……，他造就影響了不計其數的學生……。但是他個人的境遇很淒涼，兒子早就去世了，獨自帶著一個小孫子住在建中教員宿舍……。這些真實的事蹟，你們知道嗎？

當然我沒有說吳老師受到匪諜案的牽連，在牢獄中度過了好幾年，假釋出獄後還是那麼盡心盡力的栽培我們這群渾小子……，一九八八年的台灣誰敢說這種事？但是講到此處我禁不住的悲從中來，眼淚奪眶而出，聲音嘶啞，一邊哭著一邊向他們述說這部電影的情節。最後我說：「電影劇本在幾個星期之前就派人送校審核，攝製組得到『允予拍攝』的許可，可是劇本有人看過嗎？」

校長和訓導主任面面相覷，答不出來。我看了看窗外的陽光說：「對不起，拍電影靠天吃飯，陽光就快下去了，我必須要趕著拍完這一場戲。」

我對著校長一鞠躬，三步當作兩步快速的衝回現場，一面大喊：「各就各位，我們要搶這個magic moment！」

黃昏時分的光線，叫做magic light，拍攝出來的景色柔和迷人，最好的燈光師也無法複製，人類再怎麼聰明，終究勝不過大自然。

攝製組立即動員起來，張世、管管站好位置，管大哥說起那段反共抗俄的台詞，鏗鏘有力；接著是張世愁眉苦臉的使出全力踢正步；總共拍了三次，天色暗了下來。

校長或訓導主任都沒有再干涉我們拍這場戲，為什麼？我猜任憑他們有深厚的閱歷，見過多少世面，恐怕都沒見過這麼一個大剌剌的臭男人，說著說著就全方位的痛哭流涕起來！

年輕的劇照攝影師梁國龍，同我一起去校長室，目睹了整個過程，當天收工後他在我耳邊說：「導演，你的演技真的很棒。」

不能這麼說，基本演技訓練不可或缺，但我的悲傷確實是由衷而發的，更何況搶magic moment是任何導演都夢寐以求的事。

33 該生（就是我）態度不遜，令英文老師淚崩

我在課堂上最喜歡出其不意地說一兩句俏皮話，通常會惹得同學們哄堂大笑，脾氣好富幽默感的老師，有時候也會同我們一起樂起來；當然我是從來不舉手按照規矩發言的。

吳治民老師教我們背誦元素週期表：「鉀鈉鋇鍶鈣、鎂鋁鋅鎘鐵……。」

我就把它改成：「加床被子蓋、美女心如鐵……。」

全班笑個不停，嚴肅但是性格溫和的吳老師就操著鄉音說：「好了，好了，不叫笑了，怎麼還在笑？」

高二的英語老師沒換，還是高一教我們的那位，曾經賞了我五十四分，補考及格才過關。她特別注重課室內的秩序，而且缺乏幽默感。某次她十分關切的問一位成績優秀的同學：「為什麼這次考試成績退步得那麼厲害，你平常看樣子都很用心的在聽講，可是你到底聽進去沒有，在那兒想什麼呀？」

我在此刻爆出一句：「他想入非非。」

全班大笑數分鐘不可止。

有那麼好笑嗎？這裡頭有個緣故；我與瞿樹元熟讀《紅樓夢》，經常向同學們發表「紅學研究」心得。前幾天才告訴大家：《紅樓夢》裡面有一個字：「毬」，乃女性生殖器也。成語「想入非非」，可解作想進入去了毛的毬，就是那個「非」，指此人有偏愛白虎星的癖好。青春發動期的健康男孩子，對這種議題最熱衷，一時全班傳誦。

她那裡懂得這許多？課堂秩序大亂，老師就把我叫起來臭罵一頓：一定要遵守舉手發言的規矩，下次再犯絕不輕饒！我屢屢在課堂來這一套，引得大家嘻嘻哈哈的混鬧起來，打斷教學進程，她益發不能容忍。

某次英語月考，考題相當容易，考後問瞿樹元，每題的正確答案是什麼？比對了瞿公子的答案，心中有譜，自覺也答得八九不離十，這回的分數應該不壞，可以將上次月考的成績拉回來一些。英語老師拖了兩個禮拜，遲遲不發回考卷，好幾個成績優秀的同學都曾舉手發問：「上次的月考怎麼還不發給我們，老師沒改好嗎？」

英語老師說最近實在太忙，下週一定會有。又等了一個星期，她在一節英語課快要結束時，突然想起了什麼事，拿出一個小本子來說：「上次月考普遍的成績都不錯，我就把每個人的成績念一遍給大家聽就好。」

她一個個的讀出名字和分數來；多數都是九十幾分，或至少八十八、八十九分；林宏蔭，九十三分，瞿樹元，九十六分……，唯獨念到我的名字：王正方，七十六分！這是怎麼一回事，我又失手了？不應該，我覺得考得還不錯呀！立即舉手搶著要發言，老師根本不朝我這邊看，我嚷出聲來：「老師，我有問題。」

下課鈴響起，老師收拾起課本講義來，宣布下課；班長的聲音宏亮，叫道：「起立，敬禮！」

這裡面透著古怪，不發回考卷，就那麼順口念一遍大家的成績，敷衍了事，此事不單純。下一堂英語課，老師剛進來我就舉手要求發言，她冷冰冰的說：「有什麼問題等我講完了課再問。」

趕在下課之前，我舉起手來不放下，她只好讓我說話。這回我是畢恭畢敬，筆直的垂手站立著，有條有理的陳述：「請發回我們的月考考卷，讓大家知道自己的錯誤在那裡，學習改進，下次就不會犯同樣的錯誤了。」

老師正眼也沒瞧我一下，聽完了就說：「下次我把正確答案印好了發給你們，下課。」

月考的正確答案發給了大家，我覺得自己在考試中的回答都沒有錯，最多只犯下幾個筆誤，怎麼說也該得九十幾分，她報的分數卻只有七十六分，究竟是怎麼一回事？

她就是不肯發回考卷來。我與瞿樹元、林宏蔭幾個做了深入的討論，結論：「禍從口出」。平素我在課堂上自以為幽默的講些廢話；如「想入非非」的雙關語，同學們覺得好笑，但是這位老師很注重課室內的秩序；我分散了同學們的注意力，大家還笑得前仰後合的，搶去了她的鋒頭和權威，是可忍孰不可忍？再加上我的英語考試成績，表現一向只有中下，在六、七十分上下盤桓，她就認定此學生的程度普通，怎麼在這次的考試中突然成績飆高？一定在作弊！但是又沒有抓到作弊的證據，於是就硬給我個七十六分，再用不發回考卷的辦法來唬弄過去？

原來一切都是衝著我來的嗎？這位老師對我的反感竟然如此強烈。那時我愚昧、遲鈍、敏感度低，每日只在那裡胡混瞎鬧的找樂子！瞿樹元還套用了一句蔣公中正的名言：「儂（你）格個樣子下去，將來會死無葬身之地。」

他們分析得精闢！但是我還是覺得這件事太不講道理了，學生要求發回考卷的理由正當：想清楚了解自己的錯誤在那裡，屬於重要的學習過程，不容剝奪。於是我動員了班上好幾個英文成績優秀，能說會道，辯才無礙的同學，如林偉倬、白先勇等，大家約好了，下次上英語課的時候，按照次序舉手發言，一致要求發回月考考卷：這是我們全班的一致要求。我這個事主就乖乖的坐在那裡，點頭微笑就好。

下一節英語課，老師剛剛進教室，同學們按照計畫舉手發言，一個接一個的陳述為什麼必須要發回考卷，理由都非常充足。老師還是用原先的那套說法來搪塞：答案大家都知道了，這是一個小型考試，而且同學們都考得不錯。

可是幾位同學不放棄，還在接二連三的發言，愈說愈有道理。英語老師發火了，指同學們的問題太多，耽誤了她的講課時間，不要再講這件事了，到此為止！

開始時我覺得同學們的態度好，提出的理由具說服力，滿懷希望覺得可以翻案了。但是這老師堅持原意，居然在台上杜絕眾人的悠悠之口，豈不是整個泡湯？我惡習難改，就在座中（當然沒有舉手發言）長長的嘆了一口氣，大聲的說：

「嗨！你們也不用再說了，她不會發回考卷給我們的。」是這句話令她恍然，原來我就是整個陰謀的策畫師、又在座中不舉手發言，還來個唉聲嘆氣的誇張表演，態度極其不遜！這下子可真的惹火了咱們的英語老師，她提高聲音幾個分貝，拍桌子衝著我大罵：

「你發賤了嗎？還在那裡嘆氣，嘆什麼氣，你以為你是誰呀？」怒不可遏，聲音極為尖銳不停的痛罵下去，歷數我長期在班上不守規矩的種種惡行：態度輕佻、口不擇言、對師長不敬……，罪狀簡直多到數不完。

這堂課就在聽她不可止的痛罵我，罵到情傷之處，竟然止不住地哭了出來，然後拿出衛生紙來用力擤鼻子，聲震屋瓦。老師被我氣哭了！我低下頭，心中產生著前所未有的恐懼感，這場禍事恐怕難以善了。下課鐘聲救了我，老師匆匆離開教室。

以後同學們就叫我：「喂，發賤的！」

他們有的發音不準，f與h的音混淆，就叫我：花間的；成了「花間派」傳人？

唉喲！這事訓導處肯定會知道，他們會怎麼處理？

瞿樹元認為：「侮辱師長以致痛哭，記大過一次。」林宏蔭判斷：「策動同學在課堂上胡亂發問，妨礙授課，大過一次。」

瞿公子又說：「在課堂上不舉手發言多次，可以記一或二小過。累積兩大過兩小過，留校察看；以後動輒得咎，再加一個小過就退學，前景堪憂。」

林宏蔭勸我以後上課的時候，千萬別再不舉手就說俏皮話，或故意放那種既臭且響的屁等等。

氣哭英語老師事件，校方還沒有處理。我當然不敢向父母透露，老爸要是知道了此事我必定要吃大苦頭；他一貫宣揚韓愈的「師說」：「師道嚴、師道尊……，一日之師一世之師也。」

日子不好過嘍！每天規規矩矩的上下課，在課堂上不發一語，作業簿準時交上，考卷答案寫得工整。上英語課時垂頭喪氣，不與教師做直接的目光接觸，她也從來不以正眼瞧我。提心吊膽每日等著訓導處來傳我，宣判我等候已久的罪行。

一個學期過去了，成績單發下來，我的英語得六十多分，其他科目的成績尚可，得以升上高中三年級。氣哭英語老師的事傳遍高中部，但是訓導處根本沒有叫我去談話，此事也就沒有下文了。但是那次的月考考卷始終沒發回來，我真的只考了七十六分嗎？至今仍是個懸案。

與瞿樹元和林宏蔭再度充分討論之後，我們有如下的結論：「懷疑某生作弊但缺乏證據，強行扣分以洩私忿，事後又以不發回考卷作掩飾，在『理』上站不住腳。該生態度不遜，導致教師淚崩，確屬不敬師長之惡劣行為，雙方皆有不是，追究下去又難以處置，就此不了了之，由它去吧！」

瞿、林二人都認為這是在蓄意鬧事，但也凸顯出我有點煽動群眾情緒鼓動風潮的能力；幸虧那是個造不起反來的時代，若身在滿清末年，我說不定就是黃花崗七十二烈士之一了？這僅僅是瞿、林和我，三個十六、七歲少年的粗淺論斷，姑妄聽之。

高中三年級的英語老師張振鐸，一位滿頭銀髮的老太太，和顏悅色，從來不對學生發脾氣。她的中英語發音都非常純正，在課堂上聽張老師朗誦英詩，真是一種享受。

34 我們差一點就反攻大陸了

一九五五年暑假，我參加了青年反共救國團主辦的第二屆「金門戰鬥營」。戰鬥營為期三週，實際活動十四天，金門是戰地，只有軍用船隻往來，每次調度行駛至少需三四天的時間。

頭一次出遠門，帶著簡單行李，清晨搭北上基隆的列車，車廂裡擠滿了人，買的當然是普通票，沒有座位，只能在車門附近靠立。天氣悶熱，兩腿發痠，就出了車廂蹲在車門外，呆望著連結兩車廂的「詹天佑」，它像兩隻緊握住的手，據說是滿清末年第一批公費赴美留學生詹天佑發明的。

辦好報到手續，一群年輕人在碼頭上等船。我們登上一艘大型登陸艦，安排住在最底層的船艙角落，有一排排的雙層床。啟航後大家在甲板上看逐漸遠去的基隆港。艦上的士官長告訴我們：

「這是海軍最大的登陸艦，載重三千噸，船底是平的，可以開上沙灘，打開艙門，坦克車、軍車就直接衝出去展開戰鬥了。因為船底平，遇上風浪它搖晃得比較厲害，同學們會暈船嗎？」

一路駛向澎湖，風平浪靜，有部分同學下船去澎湖戰鬥營報到。這艘巨型登陸艦繼續往金門前行，陡然風浪大起，船身暴起暴落，暈船的同學太多了，有的平躺在鋪位上也會吐酸水。

抵達金門料羅灣，艦長說金門是前線，一切注意安全，同學們的動作要快，像搶灘登陸那樣。登陸艦的大艙門緩緩打開，我們列好隊伍，提著隨身行李，一聲令下，大家興奮地衝出艙門；那裡曉得海水深及腰際，要把行李舉在頭上，一步一步涉水上岸，完全沒有衝鋒陷陣的英雄氣魄。

參加戰鬥營的有大專學生、高中生、社會青年，共一百多人。每人發給全套軍服，包括綠色軍帽、軍衣褲、內衣褲、襪子、土球鞋、鋁飯碗、漱口杯子等。就住在金門中學的幾間教室內，打地鋪，一間教室睡三十多人。第二天人人歡欣無比，都領到一支M1半自動外型特別屌的卡賓槍，但是不發子彈。

戰鬥營指揮官是筆名公孫嬿（查顯琳）的帥哥軍中作家，官拜陸軍中校；查指揮官的口才好，講一口標準國語，他告訴我們：槍是軍人的第二生命，必須要徹底了解你隨身帶著的這支槍，今天第一堂課就是教大家如何愛護、保養、清膛、拆卸、組裝卡賓槍；你的第二生命太重要了。

學員們在學校都曾接受過軍訓，右肩揹上卡賓槍，裝模作樣地做隊伍排列、齊步走、左

1955年在金門戰鬥營。

右轉什麼的都還過得去。戰鬥營沒有安排基本軍事操練，每天多是參觀活動；去了太武山頂心戰中心，戰鬥營的兩位女學員客串喊話，廣播大喇叭傳送到對岸廈門。

通訊中心有現代化的無線通訊設備，分成好幾組在不同的地點遠距離通話，其實只有幾百公尺遠，共用一個通話頻道，大家搶著講話，規矩是：通話必須簡單扼要，結束前要自報姓名，然後說一聲Roger，鬆開按鈕將頻道讓出來。大家對這個遊戲的興趣很濃，玩起來不肯罷手，當然在這場無線通訊的對話中，每個人都在胡說八道，搞笑逗趣，樂不可支。

我們不斷向指揮官提議來一次卡賓槍實彈射擊，扛著這支可愛的「第二生命」走來走去，也該開開張，放幾槍聽聽聲音才對得起它吧！查顯琳指揮官搖頭，說這事要上級同意才行。查指揮官為我們爭取到一場戰地演習，滿夠刺激的。

小山頭上架了一支重機槍，朝著前面的一座山坡掃射，中間是塊平地，建了半人高的一片鐵絲網。我們一個一個的戴著鋼盔，端著卡賓槍，以手肘和膝蓋著力，在鐵絲網下快速爬行約五、六十公尺，臀部要盡量壓低，若是褲子被鐵絲網勾住，情況就很尷尬了。頭頂上的機關槍聲急切，子彈颼颼的在頭頂上穿過，一直爬到鐵絲網盡頭的戰壕裡，灰頭土臉，全身濕透，彷彿是親身經歷了一次砲火飛揚的戰場。

我是頭一批爬到目的地的學員，坐在小山頭後方觀看其他學員爬行；有好幾位嬌滴滴的女學員，被嚇到低著頭不敢看前面，擦拭眼淚進退不得，真的叫人疼惜。再仔細觀察，發現那挺機關槍的發射角度略略朝上，落彈點多在對面山坡的高處，完全不會射擊到爬行中的我們，只是子彈劃空的呼嘯聲滿嚇人的。

女學員們適應戰鬥的能力，確實比較弱，可是她們好幾位的歌喉，在金門迷倒了不知多少阿兵哥。經常參訪某個部隊的駐防地，接受熱情招待，臨別時戰鬥營表演幾個節目答謝，最叫座的就是我們的女學員高歌數曲，次次風靡全場。

我們戰鬥營有位鄒大姐，擅長唱藝術歌曲，如〈海韻〉、〈天倫歌〉，她真的很有功力。但是最吸引人的是一位名唯美的女學員，她唱的流行歌曲特別有股子騷勁。唯美每次的壓軸曲子一定是〈我要嫁給當兵的〉，只要她宣布了這首曲名，全場阿兵哥立即轟動尖叫起來。

但是最叫座的一首歌是〈我要你的愛〉，她開始嗲聲嗲氣的唱：我——，觀眾跟著唱：我——，接著來的是：我要——，觀眾再隨著響起：我要——，我要你——，我要你的——，唱到這個地方總會有個粗獷的四川男中音大吼：「格老子的你要我的啥子東西我都給妳！」

現場情緒沸騰不已。

豈止是金門的阿兵哥迷戀唯美，戰鬥營裡的男學員那個不對她產生非非之想？但是我獨鍾情一位綽號「小妹」的女學員，她身材嬌小，穿著大一號的軍裝，頭頂大鋼盔，掩不住她的眉目清秀，笑起來特別誘人。念和尚學校的我，缺乏與異性交往的經驗，不對，連與女孩子交談的次數也不多。鼓足勇氣找機會同她攀談，知道她是台中女中的高二學生，該怎麼深入建立感情？鬥兒都沒有。我只會自說自話的在那兒講些破笑話，小妹好像聽得很開心，有時候會縱情大笑起來，前仰後合的模樣真迷人。

某個夜晚我們獲得緊急命令，全體戰鬥營分成若干小隊，去金門海岸各哨崗偕同戰士守夜。興奮無比，我被分配到海邊的一個小戰壕裡，當然還有一位正規士官陪同。

我們輪流守望，注意眼前的海面，不能走神，看到有不尋常的動靜，馬上搖電話告知總部。什麼是不尋常的動靜？老士官解釋了許多，我還是看不出個所以然來。

要記住「口令」；那是夜間通行用的一句祕密話，站崗的時候看見有人走來，先得問他口令，答不上來的就開槍！口令只有自己人知道，每天晚上會傳下來新的口令，而且隨時會改變，千萬要記好。

一晚平靜無事。天矇矇亮，看見一堆人影在海灘上慢慢走過來。我走出戰壕，雙手以標準姿勢握著卡賓槍（槍膛內並無子彈），向來人大聲喝叫：「口令！」

他們根本不理，繼續朝前走過來，我連喝了數聲。走在最前面的是戰鬥營營長，他低聲對我說：「司令官查夜來了，你叫什麼口令呀！」

數十人擁簇著一位身材粗壯的年長軍官，他是金門防衛司令劉玉章將軍。

戰鬥營還安排了一次超級棒的活動：我們乘小型登陸艇出海。指揮官事先講解：這種小型登陸艇，每艘可以乘坐約十名全副配備的士兵，它的體積小速度快，衝上岸之後，小股兵力迅速登陸，無法阻擋。歐洲諾曼第的登陸戰役，就靠這種小登陸艇發揮了關鍵性的作用。

是日天氣晴朗，十多艘登陸艇前後呼應，浩浩蕩蕩乘風破浪，同時朝著廈門方向前進，我們異常興奮，在登陸艇內或站或坐，觀望海景，輕鬆談笑。登陸艇群當然不能真正開到廈門登陸，行駛到某特定海域，一齊做一百八十度的迴轉，返回出發地。前面幾艘登陸艇挺帥氣的繞了個半圈，揚起來丈餘高的浪花，但是我們的登陸艇還一直往前行。

繼續走了一陣子，我感覺到不對勁，湊過去聽駕駛士官同他的副駕駛講話，兩人緊張的交談，都說著一口四川話。駕駛說：

「龜兒子的這個駕駛盤又失靈，快點打開下邊的小艙門，又是那個齒輪卡住囉！」

副駕駛用扳手轉開小艙門的螺絲，螺絲生鏽轉動費力，有幾個螺絲根本不為所動，登陸艇逕自朝著廈門開去。駕駛士官使勁轉動駕駛盤，卻不能左右它分毫。駕駛士官著急地大聲喊：

「你給我快點打開小艙門好不好，這樣往前走我們是要反攻大陸嗎？」

聲音太大，全船的人都聽到了，大家同時朝前看，我們確實距離廈門愈來愈近，互相交換眼神，個個神情緊張。滿頭大汗的副駕駛，抬起頭來怒吼：

「格老子的哪個要同你反攻大陸，先把馬達停下來，你老子我再來慢慢修理這個老爛逼。」

一語驚醒，駕駛立即熄火，平底的小型登陸艇失去動力，在海上有如一隻舢舨，驚濤駭浪做高幅度的上下起伏，海水不斷的打進艇內，十幾個戰鬥營學員全身濕透。由不得的緊張起來，我們面色凝重，低聲竊竊私語：

「要是真的漂到那邊，一身軍服拿著卡賓槍，人家會怎麼樣？」

「我們的槍裡沒子彈……」

「可是人家怎麼知道呀？」

「這樣在海上漂著，成了那邊砲兵的活靶子……」

副駕駛的頭鑽進了小艙門，悶聲悶氣的從裡面喊叫：

「駕駛盤同我向右轉一下子，向右向右，不是向左，日你的先人，怎麼左右分不清的！」

「你媽媽同我睡的時候，她的臭逼是在我的左邊還是右邊，到現在也沒有搞得清楚！」

二位駕駛員互相辱罵了一陣子，方向盤修好了，然後聽見引擎呼隆隆的重新啟動，登陸艇動力十足仰起船頭朝前挺進，迅速地做了一百八十度的迴轉，全力衝向金門。靠近碼頭了，查營長焦急地迎過來，他問駕駛員：

「你們到哪裡去了？」

「我們差一點點就反攻大陸囉！」

好時光留不住，兩個星期的戰鬥營匆匆過去，臨別時有數不清的不捨。去金門縣城照相館拍軍裝照，洗出好多張來互相贈送。美麗的「小妹同志」送給我她的鋼盔照，笑得很甜。翻過照片來看題字，登時洩光了氣；她寫著：「方正同志」。名字都不對，喜歡她的男生太多了，我還沒掛上號。

35 建國中學的白色恐怖

回想起來，壽彭大哥是來我們家蹭飯次數最多的人。父親在台灣師範大學國文系教書，某日他帶一位人高馬大的青年回家吃飯，他是師大物理系高材生壽彭大哥；北方人，喜歡吃麵食。我們家平常的伙食離不開麵條、饅頭、烙餅，壽彭大哥頭一次就唏里呼嚕吃得特別來勁，以後成了座上常客。

父親沒教過壽彭大哥，師範大學的北方學生不多，他們多數是境遇清苦的流亡學生。老爸喜歡年輕人，見到北方老鄉更是格外親切，招呼他們到家裡來吃便飯，差不多是天天都發生的事，有時候一來好幾個，八仙桌都坐不下了。

壽彭哥十幾歲隨部隊來台，苦讀自修以優異成績考進師大物理系，據說他的成績上台灣大學物理系都有富裕，但是他隻身在台，讀台大的費用較高，師大學生有公費補助，解決了他迫切的生活問題。壽彭大哥的程度超過同儕，本科成績優異不在話下，英文更是出類拔萃，而且自修德文，也達到了能看能寫能說的水準。

「小方的成績這麼抱歉，」爸爸有一天當面向壽彭哥提出要求：「有空的話你替他理一理功課。」

我在班上的成績長期一路殿後，那陣子壽彭哥來蹭飯，弄得我有點緊張，因為飯後總免不了要查問一下功課。其實問題不大，學校老師我都能混過去，壽彭哥不是正式家庭教師，隨便應付應付不在話下，反正一下子大家又扯到別的話題上去了。

壽彭哥的外語能力強，平時在圖書館常看外國雜誌報紙，知識淵博談天論地起來特別精采。他對美國的情況知道得特別多，包括電影、音樂等無所不知。有位好萊塢大明星名字很長，香港翻譯成畢力加士打，台灣叫他勃特藍卡司脫，記憶困難。壽彭哥指點我，外國人的名字要認就去認原文，別在莫名其妙的翻譯名稱上打轉，因為各地翻譯的名字都不一樣。你看說相聲的老拿翻譯名字開心；說有個電影明星叫蘿蔔太辣，在說誰啊？他的英文名字是Robert Taylor。

畢力加士打本是Burt Lancaster，Burt是名字，Lancaster是姓，讀起來重音放在Lan上頭。美國賓州有個地方叫Lancaster，它也是個地名，聽完之後我佩服得五體投地。他還有另外一個本事，只要聽一遍美國流行歌曲，就能把歌詞大致記下來，不過從來沒聽他唱過歌。

壽彭大哥的身材高大，肌肉也挺結實的樣子，他講起一段打架的故事：兩撥師大學生搶籃球場，互不相讓。體育系有五、六個人，仗著他們的塊頭和一身的肌肉，對物理系的儒雅書生很不禮貌，壽彭哥挺身理論，爭辯得愈來愈激烈，眼看著要打起來了。講到此時壽彭哥停下來問我：「小方，碰到這種情況你會怎麼辦？」

我略想想，自己打架的紀錄很難看，因為身材瘦小，動起手來從來沒占到便宜過。我說：

「情況不對我就溜。」

「這怎麼行！你得看準一個你打得贏的對手，先發制人，出手要狠，叫對方喪膽。那天我就一直先跟他們說好話，出其不意抓住一名小個子的頭髮，腳下使絆子把他按在地上痛揍了一頓，大家忙著扯開再繼續談判。」

「後來怎麼樣？」我聽得緊張。

「大家同意分時段用場地，和平共處。可是我比較神，體育系學生用場地的時候，只要我高興就在籃球場上溜轂轆鞋，他們不敢說話。那怎麼樣，全校就籃球場是水門汀鋪的平地呀！」

壽彭大哥當年在師大就這麼屌！

物理系畢業，在軍中服役結束，下一步自然是要赴美深造。壽彭哥早有安排，在美國西北大學物理研究所申請到全額獎學金，攻讀博士學位。了不起呢！全額獎學金是學雜費全免，另外每個月發給二百美元生活費，不用在研究所做任何工作，專心念書便是。

那一段時間，父母親每天耳提面命，要我們兄弟好好學習壽彭哥，發憤用功，至不濟將來也得申請到個美國大學的助學金；當助教、研究助理什麼的，在美國的生活才有保障。聽得我都快瘋了，因為那時候我人生的主要興趣，端端放在南昌街一家彈子房某彈子小姐的那雙巨乳上面，留學美國離我還遙遠得很。

壽彭大哥退役後幾乎每天下午都來我們家，和父親商量事情。一切都安排妥當，留學考高分錄取，簽證也拿到了，只欠幾百元美金的路費，搭渝勝輪去美國要付現金，到哪裡去借？幾百美金在當時是個大數目，沒有人有那個手筆。父親一拍前額，想出了一個主意：

「不如大家湊個分子吧！」

老先生立刻提起毛筆，一口氣寫好這封信，文情並茂。信中大力推薦壽彭大哥是一位難得的優秀青年，得到西北大學的全額獎學金，深造歸來一定是台灣的棟梁之材。但是該生出身清寒，在台灣無親無故，於是路費大成問題，盼各好友念英才難得，助人為快樂之本，共同玉成此事。父親還親自東奔西走四處募款，賣他的老面子。不到兩個禮拜，不但籌足了路費還有多的。彭大哥開心極了，買好船票，並且從台灣銀行換來二百美元的旅行支票，二十美元票面額的共十張。真讓我開了眼界啦！

壽彭大哥在我們吃飯的八仙桌上展示他的旅行支票，詳細解釋這東西怎麼用，要先在旅行支票上面簽好名字，使用前再在下方簽名，兩相對照無誤，就可以當現金來用了。我們就看著他一張張的在支票右上角簽好名。我問：

「要是下回你的簽名跟上面不一樣可怎麼辦？」

「所以你就得好好練簽名啊，別簽得跟烏龜爬似的，人家不認它就廢掉啦！」

出國前一天，壽彭大哥沒到我們家來，他約了好友去碧潭划船。家裡出現了個不速之客，一個頭髮抹了很多油的中年人，穿著件輕飄飄的香港衫，態度倨傲，進門就直呼父親的名字，父親不在家，他拿出一張表格，上面有壽彭哥的照片，指著照片不耐煩的說：

「接到通知，這個人禁止出境，快點通知他，免得上船的時候出事。你們是他的家屬嗎？」

母親搖搖頭。那人皺起眉頭，自言自語：

「哦？他怎麼把聯絡地址寫在這裡？」

說完轉身離去，也不知道他是哪兒來的；母親叫我趕快去碧潭找壽彭大哥。

站在碧潭的吊橋上遠眺，幸好今天划船的人不多，遠處有條船似乎是壽彭和他的朋友在划著，距離太遠大聲叫也聽不見。租了條船，朝著那個方向盡力划去。我永遠忘不了壽彭哥聽我講完這個壞消息時的表情，一張原來極為歡欣快樂的臉登時垮下來，像一座大樓被爆破，建築物瞬間成了一堆瓦礫。

當天他在我們家吃晚飯，父親說了一大堆安慰他的話，壽彭大哥失神落魄，一口口咬手中的饅頭，咀嚼得極緩慢。然後他開始講少年時離開家鄉逃難的經歷：同乞丐一樣攀住火車門的把手，身體吊在車外頭，一路南下到廣州……九死一生。在台灣終於上了大學，以為去美國留學是他人生最後一道關卡，只要過去就解脫了，以後努力研究學術就好，怎麼樣也沒想到現在變成這樣！

說到這裡聲音有些哽咽，然後他放聲痛哭，像一頭受傷的野獸在嚎叫，餐桌上所有的人都被怔住。激烈情緒波動過後，壽彭大哥長歎一口氣說：「真是天網恢恢呀！」

壽彭大哥退了船票，把錢還給父親。父親親自挨門挨戶的一一還錢。

禁止出境幾個月後，壽彭大哥被抓進去接受審問。沒多久又放出來了，他絕口不談牢獄裡的事。父親介紹他去建國中學教物理，當然勝任愉快。建國中學替他安排的住處很奇怪，不住單身教職員宿舍，壽彭哥獨居在建中大門口傳達室對面的一間小房子裡，設備還算齊全，他也不以為意。物理教員當了一年多，壽彭大哥再度入獄，這回進去就再也沒他的消息了。父親曾多方打聽，始終弄不清是怎麼一回事，估計壽彭大哥多半是牽涉到一樁匪諜案了吧！

某日父親氣呼呼的回家，劈頭就問我：

「建國中學的那個老門房你們記得嗎？」

我略想了片刻：「怎麼不記得，是傳達室的老胡，有個通紅的酒糟鼻子，爛眼圈，時常喝酒喝得眼睛睜不開，迷迷糊糊的。」

「他才不迷糊哩！那人是個特務點心。」

情治單位特別安排壽彭大哥住在老胡對面，老胡每天負責監視他的行動，記錄來訪客人，材料搜集充分之後一網打盡都捉將官去。

北方人所說的「點心」含有貶意，如「廢物點心」。父親最不喜歡做特務的，常說幹那種事情的人太缺德，生下孩子來會沒有屁眼兒的。

後記

一九七〇年代初期，我在美國積極參加保釣運動。一九七一年九月，「保釣〇團」自紐約飛香港，轉往大陸訪問，我也是該團的團員之一。團長李我焱，比我年長數歲，美國保釣運動領袖，當時他在美國哥倫比亞大學物理研究所工作，是著名華裔物理大師吳健雄教授研究室的研究員。

我與老李在保釣運動中工作關係密切，又一同訪問中國大陸，結為好友。聽說老李在台灣曾經坐過幾年牢。問了他好幾次坐牢的情形，李我焱總是笑而不答。有一次老李問我：

「我們那樁案子的判決書，你有興趣看嗎？」

當然有興趣，捧著厚厚的那本判決書，專注地看到深夜。著名的「台大群社案」，有不少年輕學生牽涉在內，判間諜罪，入監獄服刑多年。李我焱是其中之一。判決書說：

「台大電機系學生劉乃誠，與物理系同學李我焱等，組織讀書會名『群社』，閱讀社會主義書籍，曾製作傳單，在不同場合散發，傳播左翼思想。當時台灣各大學有不少學生思想傾向社會主義，這幾名台大學生帶頭組成此類讀書會，定期研讀社會主義思想。經查證：『群社』有共產黨人滲透、主導，目的是顛覆台灣當局。劉、李等相繼被捕，劉乃誠判刑十二年，李我焱判五年徒刑。」

在判決書中的第二頁就見到壽彭哥的名字！壽彭哥沒有參加過「群社」，劉乃誠是他的好友。劉在被捕前察覺到被人跟蹤，特別去找壽彭，要求他保管一批禁書、出資幫助劉乃誠收埋一名政治犯的骨灰。

壽彭當時慨然答應了劉乃誠，調查單位以「知匪不報」的罪名拘捕他到案，判刑四年六個月。

壽彭哥難友李我焱。

李我焱告訴我：「開始大家關在同一所監獄裡，但是不在一間牢房。後來聽說壽彭的肺結核復發，保外就醫，這是最後我知道的消息。」

劉乃誠、李我焱二人服刑時表現良好，先後獲得治安單位批准他們留學美國，分別在名校獲得博士學位。壽彭大哥出獄之後又去了哪裡？

又是二十多年過去，我哥哥回台灣籌建中央研究院分子生物研究所，次年當選中央研究院院士，那陣子台灣媒體報導他的頻率頗高。某日在研究所接到一個電話，是壽彭大哥在找他。多年後見面二人一陣興奮，慢慢的敘起舊來，談別後的種種。

在獄中生活艱苦，壽彭哥少年逃難時罹患的肺結核復發，病情嚴重，保外就醫了很長的一段時間，等到完全康復，他的刑期已屆滿。醫院有一位護士小姐對他細心照顧，兩人發生感情，結為連理。壽彭大哥從來沒有放棄赴美國留學的願望，事隔十年再和美國西北大學聯繫，校方居然還是給了他全額獎學金。苦讀數年，取得西北大學材料學博士學位，返台後在新竹工作。

這個完結篇有個溫馨、令人釋然的結局。

在我的心目中，壽彭大哥永遠有一個超然不變的形象：身材高大，足踏四輪溜冰鞋，背著手旁若無人的在師大籃球場上倒著溜一個8字，場上體育系打籃球的肌肉棒子，見到他就紛紛讓路。非常屌！

附錄

建國中學在白色恐怖時期被捕的老師，除了吳治民老師、壽彭大哥之外，還有劉澤民主任、國文老師高衍芳、美術教師林存斌等，也有學生被捕入獄。

劉澤民山東省人。曾任山東濟南第一聯中校長。一九五〇年劉澤民在建中任教，受到「中國革命民主大同盟」案的牽連，被捕後關在東本願寺，據說那是一座非常恐怖的偵訊監獄。根據官方檔案和劉澤民的憶述，調查人員逼他承認曾參加過「中國革命民主大同盟」，他堅決否認。拘押審訊了三個多月，有多位立法委員出面作保，劉與其他受難者獲釋出獄。

劉澤民出獄後，在建國中學任夜間部主任，他身材高大聲音宏亮，一口山東鄉音，在建中的知名度高。劉主任熱愛籃球運動，經常在校內與同學們打球；雖然上了點年紀，動作比較慢，但是他的長射奇準，出其不意雙手遠遠的投籃，姿勢漂亮，球兒應聲落網。他的兒子劉晉京與我同屆，是初中籃球校隊的前鋒。

國文老師高衍芳被人告發，罪名是向學生講述大陸的土地分配辦得又好又快；台灣拖了很久才開始實施平均地權；又詆毀孫中山與蔣中正的言論，入獄感化三年。

高衍芳是隔壁班的國文老師，經常在課堂上講極為精采的葷笑話。他無所顧忌、言語不避諱、生動的談性交，也講《易經》、《素女經》，湊上幾句打油詩。青春好奇、缺乏性經驗、懵懵懂懂的小子們說：「上高老師的課最開心，有時會笑到從椅子上跌下來。」

數十年後，我依然記得好幾則他講的葷笑話。高老師出版一份性學雜誌，講述男女性愛技巧，也能身體力行，五十多歲的高老，娶了位年輕太太，產一子。

高衍芳老師在課堂上講政治？同學們都沒有這個記憶，怎麼會因為思想有問題被關上三年？

有一說：高老師的鄰居是訓導處某主任，兩家為了爭公用空間，鬧得很不愉快，據說雙方還動手打了幾下。該主任利用他在「人二室」的方便，羅織罪名給高老師一點顏色看看。

這項傳聞未經證實。

美術老師林存斌教過我們一學期的圖案畫，是一位非常細心又有耐心的老師。他在建國中學執教數十年，一九七一年即將退休；被捕判刑。判決書稱：「林存斌十八歲就讀福州師範時，曾參加讀書會，後來加入共產黨，判刑五年。」

這是一樁「潛匪案」，不需要有任何具體罪狀，過去曾加入過什麼組織，沒有向有關單位交代清楚，就符合「潛匪」的定義。潛匪案無追訴時效，任何陳年往事被人揭發，立刻有牢獄之災。兩年後林老師獲減刑出獄。

據傳，林存斌老師的福州某老同學，也在建中任教、此人是「人二室」要員，揭發了過去的一些事，林老師只得俯首服刑。這個說法也未經證實。

有一位高年級同學張光直，在高中二年級暑假，被調查單位拘捕，理由是閱讀反動書籍。一年後無罪釋放，他以同等學力考上台灣大學考古人類學系，日後留學美國，獲博士學位後在哈佛大學考古學系任教，發表多篇震驚考古學研究的重要論文，是舉世聞名的考古學者，後來他回台灣任中央研究院副院長。張光直教授曾出版一書，講述他在牢獄中的特殊經歷。光直的弟弟光誠，與我在國語實小、建國中學、台灣大學同學。

歷史學者戴國煇，早年在建國中學就讀，他曾說：「一九四九年後，建國中學的氣氛突然變得很凝重，三天兩頭不是老師不見了，就是高班學長不見了。究竟有哪些老師和同學不見了，現在已難查考。」

36 我們的老師有桐城派傳人、棲霞縣縣令

我、瞿樹元、林宏蔭下課時站在教室走廊閒扯淡。汪煥庭老師，體型精瘦，脖子細長，略略向左傾斜，眉頭緊皺，一手握三五根粉筆，另一隻手以拇指食指拎住一本教科書，腋下夾著一束考卷，踏著小碎步走過來，他怒目以視劈頭就對我說：

「王正方你考的個什麼東西，五分還是十分！」

「不會吧！」我怯怯懦懦的回答：「三題裡面我做對了一題。」

「你一題也不對呀！」

汪老師又衝著林宏蔭吼，但是語氣中透著關切：「平常你考得還可以的，這次為什麼也那麼糟，在搞女人嗎？」

宏蔭的臉立刻變得通紅，咬住舌頭忍住不笑，一副有苦說不出的表情，我和瞿樹元在一旁早笑彎了腰。宏蔭是個心裡存不住任何淫念的人，只要想到男女之間的事，他的臉就會唰的一下子紅了起來。這傢伙倒是挺想搞女人，只是天生害臊，雌性動物出現在十公尺外他就心跳、氣喘、脖子粗，面對美女則更加瞠目結舌諾諾不能言。

汪老師很不高興地看著我們，瞿樹元是全班最聰明一等一的好學生，還有什麼好挑剔的？汪老師瞥了一眼瞿公子蓬鬆的頭髮說：「頭髮跟瘋子一樣。」

上課鈴響起，大家起立向老師鞠躬、坐下，怒氣未息的汪老師開始發回考卷。

高三那一年，教我們解析幾何的是建中王牌數學教師汪煥庭。頭一天上課點名，他面色嚴肅，要每位同學應聲起立，老師從頭到腳確認一遍，這已經是本校的傳統了，叫到我的時候，他對我上下端詳許久，然後哦了一聲：「我久聞大名囉！」

我有的只是臭名、惡名；想來汪老師一定知道我就是那個上個學期氣哭了英語老師、徹頭徹尾「發賤」的學生！當時是件大事，在教師辦公室流傳開來，汪老師初次上課點名，已經盯上我了，以後的日子怎麼過？

汪老師，安徽桐城人，一口鄉音不改，講解解析幾何的條理分明，一手板書更是少見的漂亮。有傳世名言：「這隻郭！」（這隻角）

在黑板上一步一步的演算證明幾何難題，最後答案快出現了，他邊寫邊說：「那才叫怪事哩！剛剛好，一點都不假，A等於B。」

然後手持半截粉筆，側身歪頭，得意地望著一群振筆疾書來不及抄寫的學生微笑。

以後每當汪老師的題目快要證得的時候，由會說皖南話的瞿樹元領頭，幾個調皮鬼一齊學說汪老師的腔調，同聲大喊：

「那才叫怪事哩！剛剛好，A等於B一點都不假。」全班樂得好開心，汪老師也隨著大家笑起來。

汪老師的國學也頗有修養，間或在課堂上信手拈來，就在黑板上寫上幾句古文、詩詞，字體飄逸。他又露出頑童般的笑容說：「這些我也懂，古時候有句名言：天下之文其在桐城乎？」

桐城二字他發音如；「屯陳」。偶爾他跩起文來，韻味獨特，儼然是一位桐城派傳人。瞿樹元有不同的見解，他祖籍湖北黃梅縣，屬三黃地區，三黃指；黃梅、黃陂、黃岡三縣。他告訴我古來三黃地區流傳這麼幾句：

「天下文章數三黃，三黃文采在黃岡，黃岡文章唯舍弟，舍弟請我改文章。」

那天發下考卷來，我只得了五分。宏蔭的成績也鴉鴉烏，題目太難了。

汪老師最痛恨上課打瞌睡的同學，發現了就擲之以粉筆頭，勁道十足而且神準。我們班調皮搗蛋的不少，基本上程度還算整齊，上課打瞌睡的情況比較罕見。高三上學期開學數星期後，來了一位插班生，他完全跟不上。語文課還可以勉強湊合著聽，汪老師的數學課，是硬碰硬的真功夫。新同學的作業一律交白卷，上課如同聽天書，止不住腦袋一上一下的打鼓。汪老師的粉筆頭命中他多次，強打起精神來又撐不了幾分鐘。孺子如此不可教，汪老師對他曉以大義，勉勵他上課一定要注意聽講，轉到好學校的好班上就讀，來之不易。無奈這位同學的程度確實跟不上，有時候汪老師愈說愈著急，火氣上升，忍不住大聲責罵，他說：

「你母親當面拜託過，說小犬在你的班上，請老師多多費心教導小犬。小犬長小犬短，你在班上懶散成這副樣子，我看你真是一頭小犬喲！」

滿堂譁然，此後這位同學的綽號就叫小犬。

高中畢業後的大學聯合招考，甲組數學比較難，當然沒有汪老師出的題目難；我只做錯了一題，身為強將手下的弱兵，居然考上第一志願，昂首進入名牌大學。放榜後，數十位同學約好返校謝師，一群小夥子熟門熟路的闖進教員宿舍，就在門口叫：「汪老師我們來了。」

汪老師正在看放榜的報紙，眉開眼笑，妙語如珠，春風得意，心情大好。他在報紙上用紅鉛筆勾畫出許多名字，我們班考大學的成績輝煌。他親切又關心的詢問每位同學：考得滿意嗎？總分多少？為什麼選這一系？不喜歡可以轉系。某某某臨場失常了吧！怎麼進了那所大學呢？汪老師在人叢中看見了我，便微微歎了口氣：「王正方這回是叫他矇上了喔！」

大家一陣轟然狂笑，我覺得特別開心。「矇上了」之說追隨我多年，此話不無道理；在日後大學、研究生的歲月裡，總隱隱感到自己的數學底碼不清，就像練武功的馬步不扎實，要起兵器來就有點搖搖晃晃的。

後來也發覺自己的性向並不適合理工，多年來不務正業，老是寫個破文章，又對電影癡醉若狂。思前想後，都怪汪老師當年沒教我們桐城派古文，不然的話我會認真的鑽研中國文學，搖頭擺尾的用安徽話吟詩誦詞，不亦樂乎？

歷屆建國中學同學，只要是汪煥庭老師教過的，都能說出一兩段他的故事來。根據馬英九的回憶：有位好學生問一道難題，汪老師在黑板上畫了圖，苦苦思索但解不出來，汪老師問：「這道題目是從哪裡來的？」

學生拿出一本參考書，是本什麼《解析幾何難題大全》之類的書。汪老師拿在手中翻看了一會兒，走到窗口，將那本書丟到樓下去了，繼續講課。

上完高三國文的第一堂課，林宏蔭就在前座回過頭來對我說：「這位老師絕對是我們山東棲霞縣人。」

我聽得出來老師有山東口音，至於他是山東那一縣的人，只有宏蔭這個道地棲霞縣的老鄉才聽得出來吧！第二天宏蔭從他父親那裡帶來更多的訊息：我們的葛勤修老師，山東省棲霞縣人，曾經當過棲霞縣縣長，攜家眷輾轉來到台灣，一時與原單位、親友完全失聯。葛前縣長為了維持生計，就在台北車站當了一陣子「紅帽子」（行李搬運伕）。後來與同鄉會取得聯繫，介紹他來建國中學教國文。

葛老師永遠有一副笑瞇瞇的表情，言談風趣。他身材矮胖，經常不理髮，稀疏的幾根頭髮就掛在額頭前。某日葛老師剃了一個大光頭，精神煥發的進了教室，見到同學們在紛紛議論，他大聲的說：「這叫做寧缺勿濫。」

葛老師給大家的作文分數打得很寬，我經常得到八十多分。某次我心血來潮，在作文課寫了首頗長的現代詩，但得分甚低；葛老師在評語中寫道：「用意頗佳，但是現代詩不是這樣子寫的。」從此我自覺沒這方面的天分，不再花時間搞「散文分行寫」的勾當了。

又有一次是申論題，我亂發議論，自以為得意，結果只得了七十多分。我拿著那篇作文同葛老師討論；他對我的議論一直點頭讚賞，兩隻眼睛笑成了兩道細縫，他說：

「你這回寫得挺好，也能自圓其說，可是我不能給你高分咧！你在這兒批評孔夫子，那怎麼行，至聖先師是俺的聖人呀！」

葛前縣長講〈長恨歌〉，結束後問全班同學：「全首哪兩句最好？」同學們胡亂的搶著答，葛老夫子都不以為然，他說：「最好的兩句是：玉容寂寞淚闌干，梨花一枝春帶雨。哎呀！這白居易先生真是……真是個過來人呀！」又問：「七月七日長生殿，夜半無人私語時，他們在說什麼呢？有人說他們是在互相約定，要生生世世為夫妻！這個不好呀！」

「為什麼不好呢？」

「這兩個印（人）太自私了。」

葛夫子喜歡在班上講幾篇課外的好文章、詩詞等；印象深刻的是他講的一首樂府：

楊白花

初春二三月，楊柳齊作花。
春風一夜入閨闥，楊花飄盪落南家。
含情出戶腳無力，拾得楊花淚沾臆。

秋去春還雙燕子，願啣楊花入窠裡。

他詳細的講這首樂府的來龍去脈。北魏司徒胡國珍有美貌女兒胡承華，皇帝納她入後宮，之後晉封皇后。皇帝駕崩，她才三十歲出頭，成為主持政務的太后。長期寡居寂寞難耐，便寵幸了禁軍將領楊白花。相傳楊將軍相貌英俊、身材魁梧、英武過人，他與太后床笫之間的樂趣自不待言；葛老師說：「楊白花在這方面的表現，胡太后非常滿意。」

北魏政局凶險，反對胡太后的勢力漸占上風，楊白花身處危境，在一次領兵巡邊時，率領部曲投降南朝梁國。胡太后日夜思念楊將軍，自譜戀曲〈楊白花〉，其中有「楊花飄盪落南家」一句，指楊將軍南去不歸。此曲流傳到宮外，在洛陽文人、青樓之間廣為唱誦。之後權臣爾朱榮主政，下令將幼主和胡太后沉入黃河溺斃。

葛老師問大家：「這首樂府是最美的是那一句？」同學們胡亂猜了一通，葛老師笑笑，用著低沉的聲音，極有韻味的念道：「含情出戶腳無力！」

他又說：「還有人把『秋去春還雙燕子』的雙燕子改成『梁上燕』，那就把這首樂府變得一文不值。」

對呀！詞中的雙燕子、啣楊花、入窠裡，都透露著發人冥想的雙關隱意；陌生冷漠的梁上燕，怎能表達美豔成熟婦人胡承華的熾盛思春之情於萬一？

葛夫子讓我們體會到中國詩詞的委婉、淒美、深邃。

37 連環屁

我們這個保送班，並非每位同學都是成績優秀的好學生，那時候透過特權安插子女上好中學、上保送班，不足為人道的事也曾發生。像我們班上的「國手」，憑他的那個程度，比我還差上好一大截，怎麼也進了保送班？多半是他的家庭背景夠硬。事過境遷，這筆舊帳永遠算不清楚，也不重要了。

國手的籃球打得叫人口服心服；他個頭不高，彈性驚人，擔任控球後衛，在場上冷靜、隨機應變、屢屢供出妙傳，讓隊友輕鬆得分。國手不是同學起鬨給他起的綽號，人家是如假包換的籃球國手。上高一才兩個星期就是校隊的先發球員，不久又徵調到國光隊當後衛。那時候克難隊是台灣的代表隊，國光是第二代表隊。

當年美國歸主籃球隊訪問台灣，是籃壇的盛事，他們以籃球比賽傳基督教福音，福音傳得如何不太清楚，台灣籃球迷最愛看他們的優異球技。歸主隊人高馬大，技術水準比台灣高出許多，七次橫掃台灣，未曾一敗。

每次都由國光隊打頭陣對上歸主隊，少輸為贏，學習為主，我們班的這位國手有多次機會上場，表現不俗。歸主隊的當家控球後衛，台灣報紙給他起了中文名字；許備德。許先生體型已臃腫，但是防守能力仍強，卡位搶籃板球更是一流，球風穩健。

記得有次比賽，國手在許備德面前運球，老許穩重如山，體型比國手大三號，高出十幾公分。國手左盤右旋，找不到切入點。突然他高高跳起，在許備德的頭頂上出手投籃，他不看籃筐，雙目就緊盯住許備德，球兒擦板入網。這一球太神啦！三軍球場爆起一陣歡呼，久久不能止。

國手事後對我說，打球純粹是鬥智，要先在意念上勝過對方才能贏球。他看過我打籃球，認為我再怎麼練也沒指望：個子不夠高、彈性普通、卡位搶籃板球沒有天分；說的都是實話。

國手的身體棒，模樣帥，在球場上出盡鋒頭，給他帶來強烈的自信，自然他的異性緣也特別殊勝，桃花事件連續不斷。下課時盡聽他吹男女之事；前天和他的乾妹妹在床上隨便揉搓、有個年輕阿姨吃飯的時候用腳勾他的小腿……；完全沒有這方面經驗的我們，聽得半信半疑、又羨慕又嫉妒。不用說，我們當時都滿崇拜國手的。

同學們選國手當班長，那純粹是起鬨。這個屌傢伙忙著練球、比賽，經常缺課，班長不在就由副班長代理，副班長鄭之虎是導師的兒子，方便啦！同學請假需要導師蓋章，之虎帶請假條子回家，偷偷拿他老爸的圖章用印，一切妥當。保送班的同學不是光會死讀書的乖乖牌，我們也很會動腦筋、開個通路。

國手缺課太多，功課跟不上，沒時間寫作業，但是他自有招數。班長負責收集同學們的作業簿子，交到老師的辦公室；就趁著這個短暫的空檔，他快速撕去某同學作業簿的封面，把自己的封面黏上，按時交了作業，成績還挺好。這個做法嚴重的損人利己，作業被改頭換面的同學，按時交上卻沒成績、沒紀錄，必須連夜趕工補交、遲繳又要扣分。

班上的高手如雲，論起來誰的字寫得最好？正是與我在國語實小同班的江顯楨和瞿樹元二老友。國手是個機伶人，當然觀察得一清二楚。頭一次他就把江顯楨的公民作業簿換上自己的封面，那位公民老師很注重同學上課是否注意聽講，他以同學們在作業簿上抄的筆記來評分數。學期將結束，老江的整本筆記不見了，這可把他害得好慘；必須從頭寫好前面所有的筆記，按時補交上去。不用說，那個學期老江的公民成績大打折扣。

某次交地理作業的時候，國手重施故技，把瞿樹元的作業簿子改頭換面了。那位肥墩墩愛講全中國美食的朱老師，下課前叫國手和瞿樹元都到辦公室去一下。我們幾個好事者，就擠在辦公室外觀望；聽不清屋子裡面的談話聲，朱老師拿出一本作業簿子給他們看，國手低頭做懺悔狀。然後老師對著他比手畫腳的訓話，講了許久。

事後瞿樹元告訴我，沒什麼大事，國手一開始就認錯了，朱老師教訓了他幾句，然後就講他當年在大陸的事，樹元學著朱老的鄉音：「你寫的字跟鬼畫符似的，同瞿樹元的字差別太大啦！誰看不出來呀？在老家的時候，俺可是鑒別假鈔票的第一把眼睛。」

這個事件發生後，國手的班長職務被撤換。

高中三年一下子就過去了，我拖拖拉拉、有驚無險的隨波逐流，沒留級沒記過，關關難過關關過。猛然察覺，距離畢業只剩下幾個星期了。國手照常缺課，冠冕堂皇的理由是要練球比賽；他告訴我實話，當知名籃球員夜生活很繁忙，早上根本起不來。他怎麼通過了三年來這麼多嚴謹密集的作業、大小考試，我不清楚。一群大個子坐在後排，他們如何應付考試，自然有花樣的吧！班上崇拜國手的也不止我一個。

學校突然宣布，應屆畢業生一律要參加「會考」，全體高三同學在風雨操場抽籤入座，統一考題，要考英、國、數、理、化各主要科目，會考成績不及格不能畢業。下午國手睡眼惺忪的來上課，我告訴他會考的消息，他臉色發綠。

會考前一天，國手拖著我在操場一角談事情，劈頭就說：「他媽的，這回數學我肯定過不去，座位都亂掉，誰也幫不上忙。」

我很同情的點著頭。他突然問我：

「你小子上過酒家嗎？」

我倒噈一口吐沫，神情慚愧的搖著頭。

「看你這副悚德行，絕對沒去過。我告訴你，那個地方才叫好玩哩！」

冥冥之中腦海中升起了一幅幅行樂圖：穿高衩旗袍的女郎，身材勻稱，就在身邊來去磨蹭，又是個什麼陣仗，何等滋味！

「你去過？」我問。

「北投新開的那家不錯。友聯隊老闆招待，自由杯我們連贏三場。」國手參加了好幾個球隊，贏了大比賽老闆就大請客。

「幫我辦成這件事，我帶你去一次酒家，讓你這個土包子也開開洋葷。」

國手壓低了嗓門，其實附近並沒有一個人影，講他的祕密計畫，當晚就執行，聽著很刺激，連考慮都沒有考慮我就答應了。

晚上九點鐘，我穿著黑色衣褲，蹲在教務處右側的大榕樹下。國手的口哨聲尖銳，他也是一身黑色裝扮，現身在十步之外。國手有鑰匙，一下子就打開了教務處的門，進門後他隨手輕輕把門關好扣上。他說：

「老姜把一份數學考卷撕碎了，當作印壞的，丟在油印機附近的字紙簍裡。」

老姜是學校的校工，國手和他有交情。但是今晚的教務處有點不一樣，印考卷的油印機搬到哪裡去了？兩人焦急的四顧，我開始緊張，後悔。國手指著一個小角落，三面用二米高的木板圍起，前方開了一道門。他說：「一定在這裡面。」

老姜沒有給他這扇小門的鑰匙，怎麼辦？圍起來的幾塊木板頂部是空的，他很果斷，隨即蹲下要我踩在他的肩上翻過去。也是想都沒想我立即從命，站在他的雙肩，顫顫巍巍扶著木板，正要使勁跨腿翻過去，不料臨時搭起的木板承受不住力道，竟然呼扇呼扇的前後搖動，發出很大的響聲。

聽見教務處外面的走廊上有腳步聲，手電筒明滅不已，有人巡夜到此地。我們二人當場僵住，屏住呼吸不敢動彈。我雙手緊抓木板，採半蹲的姿態，屁股幾乎是坐在國手的頭頂上。巡夜人扭動了幾下教務處的門把，看看是否鎖實了；幸好門打不開。我的心臟做劇烈的震盪，快要穿胸而出了。

突然腹內起了一陣劇痛，不能忍，當時就在國手的頭頂上連續放了具有中等音效的屁，也沒有計數，二十幾響吧！誰也笑不出來。我聽到國手的呼吸聲沉重，彷彿看見他咬牙切齒的模樣。

巡夜人走遠，一切按計畫進行。字紙簍的考卷撕成四瓣，很容易就恢復原狀。深夜，我緊急的敲打瞿樹元家大門，他穿睡衣歪著頭望著我。我說：

「拜託，我們來解幾道題目。」

四道題目都容易，樹元三下兩下就做好。他說：

「這都是什麼爛題目，還不趕快去看解析幾何第八章，裡面的難題最多。」

飛快地蹬著腳踏車，涼風迎面拂來，居然很有成就感。哎喲！不對，國手的數學程度奇差，會考讓他拿了一百分老師能不懷疑？連我這號學生考滿分也不正常，一旦追究起來麻煩就大了，一時心中充滿了恐懼。但是騎虎難下，又能怎麼樣呢？答卷交給了國手。

數學會考完畢，瞿樹元皺著眉頭走過來，低聲問：

「你是從哪裡弄來的那幾道題目？」

我做了一個投籃的姿勢，露出神祕的微笑，片刻樹元也跟著笑了，他笑得很憨傻。

成績發表，數學得一百分的多如牛毛，會考成績不列入紀錄，走個形式而已。國手的數學得了八十六分，我想他一定是抄錯了某處答案。

國手為這件事對我十分不滿，不時的在同學面前糗我：「王正方的程度不怎麼樣，很容易的數學題目也會做錯。」

「媽的王正方很差勁，一緊張他就放連環屁。」

到今天，我還是沒去過酒家。

後記

高中畢業五十週年，同學會辦得盛大。光是我們班就來了二十三人。晚上的宴會，還能喝兩盅的都喝到舌頭變大，有說不完的趣事。國手沒有來，畢業後此人就和大家失聯。仗著酒意，我向老同學們講了這段偷考卷、放連環屁的豐功偉業。全體笑到東倒西歪，但是沒幾個人把它當真，認為我又亂編了一段來增強歡樂氛圍，老王講笑話還是一流。有位同學說：「小時候你真的很胡搞，偷考卷被抓到肯定開除！」

「絕對要滾蛋。」

「那麼你的學歷只有初中畢業。」

幸好是五十年前的事，已經過了法律追訴期。

看到一篇醫學報導，十多歲的少年，主管理性判斷的大腦前葉尚未發育完備，易做出衝動性的極端行為，鋌而走險，一步錯步步錯。那天晚上如果巡夜人用鑰匙開門進了教務處，我的人生將是另外一系列篇章。

希望國手諒解我的連環屁，那天晚上完全無法控制，絕對不是故意的。

38 連她的手也沒碰過，失什麼戀？

十七、八歲的我，體內的荷爾蒙分泌得最為旺盛。與同學們閒扯，沒兩句話就說到男女之間的事，談話內容欠文雅。其實都在瞎掰，我們同女性交談的經驗都極少。

上男子中學，每人傻愣愣的，見到漂亮女孩便面紅耳赤，神不守舍，張口結舌不能言，心中湧起連綿不斷的行樂圖來；慘綠少年的真實寫照。

當年有大批神父、牧師紛紛渡過海峽來到台灣，天主教、基督教一時在台灣發展興盛，禮拜天上教堂蔚為風氣，教堂裡可以遇到女孩子。每個星期日我都去台北市古亭區的天主教南堂；一開始熱心學拉丁文，不久便熟練的上台輔祭；拜苦路時在一旁誦念經文禱詞，因為神父覺得我發音標準；又參加唱經班，排在後方的低音部，壓著嗓門跟著吼幾聲。南堂的本堂老神父對我頗為器重。

老神父認為我可以領「堅振禮」（Confirmation）了，受洗成為天主教徒之後，表現良好才能接受堅振禮，更進一步堅定信仰。先去同安街聖馬利諾修女院開設的堅振班上課。修女院的堅振課有十幾個學生，女生占三分之二。

頭一天上課就被一位女郎深深吸引；她有一雙大眼睛、短頭髮、體態豐腴，聲音甜美，笑容甭提多迷人了。該怎麼辦，上去同她講話呀！下課時藉故和幾個女同學說笑，有一次大眼睛女郎對我點頭微笑，但是還沒有直接說上話。

堅振班上到一半的課程，修女老師要每位同學認一個聖名，領堅振禮之後，就得到多一位聖人的護佑。她很快地就選了露絲瑪莉（Rose Marie），班上其他的同學也都選好，我還在猶豫，總得選個與眾不同的名字吧！一再催促，就選了Claudius，修女說Claudius是歐洲中古時期天主教的聖人。可是這名字的正確發音不好掌握，班上有個講四川話的傢伙，把它讀作「格老子」，之後格老子就成為我的綽號。

露絲瑪莉是搭公共汽車來上課的，於是我不騎自行車了，搭乘與她同一路的公車。有一次車內擁擠，見到她困難的擠上來，夾在人堆裡額頭冒汗，我叫她：「露絲瑪莉，這邊有個座位。」

她推開兩邊的人走了過來，我起立讓位子給她，她笑得真美；心在噗通噗通的亂跳著，我們開始講話了。

之後我每次都陪著她搭車上下課，班上的同學傳言：格老子盯上露絲瑪莉了，簡直是寸步不離。我不懂得怎麼追求女孩子，根本沒膽量提出約會的要求，只喜歡找機會同她閒扯幾句，偶爾逗笑了對方，那種成就感勝過一切。

好景不常，堅振學習班結束，與她沒有固定的見面機會了。那好辦，星期天早上有好幾台彌撒，我一早就去，總能等到她出現。每個禮拜三晚上有唱經班練習，露絲瑪莉通常不會缺席。

然而露絲瑪莉好像故意躲著我，望彌撒經常遲到，跪坐在後排，彌撒將要結束，回頭望去伊人已經離去。或是彌撒後她一個人跪著念《玫瑰經》，從側面看去：好一幅聖潔少女祈禱圖；要不然她就黏著神父問很多話，我站在不遠癡癡的等，老神父對我說：「她要同我說點靈魂上的事哩！」

輔祭于斌大主教。

只得知趣地走開。

唱經班負責彈琴的女孩，瘦瘦高高，話很多，笑起來前仰後合的聲音尖銳，我們叫她花腔女高音，或花腔；她來自富貴家庭，和露絲瑪莉結為密友。每週三唱經班練唱，她們兩個一塊坐私家汽車來去。我的那個陪同搭乘公車招數，已無用武之地。

有一次唱經班練唱剛結束，花腔和露絲瑪莉正要上私家汽車，我搶在她們前面說：「我有一個很好笑的笑話，你們要不要聽？」花腔有興趣的連連點頭，我比手畫腳地說了那個笑話，花腔笑彎了腰，露絲瑪莉不耐煩的略略皺起眉頭，似笑非笑，催她上車。

怎麼回事？我講笑話挺有名的。某年天主教夏令營同樂晚會，我穿上長袍上台說相聲，我說：「說個謎語給你猜猜！」捧哏的小剛回答：「您說。」我以兩手作撕拉狀，說：「刺啦！」「喔！就沒啦？這個猜不著。」「我炸了根油條。」台下笑成一片。「還有一個謎語。」「請說。」「刺啦！」「怎麼還是它？」「我又炸了一根油條。」觀眾都笑得前仰後合，捏住了大家的那根笑筋，之後無論講什麼他們都笑得喘不過氣來。為什麼露絲瑪莉不欣賞我的幽默感？

某日小剛在教堂前叫我：「格老子！有人告訴我，老神父說你老在公共汽車站堵露絲瑪莉，然後哈哈大笑。」

「老神父知道這麼多？」

「可能是她在辦告解的時候講的。」

「可是告解亭裡說的事不能傳出來的呀！」

「誰知道呢？」

怕什麼，我又沒做違犯十誡的事。這也難說，我常有個幻想：與露絲瑪莉享受同床共枕之樂，真是褻瀆！偶爾起個意淫，也算犯了十誡第六條的邪淫罪？

曾經聽某位神父說過：「你心中想那個事，雖然沒有做也算犯了罪！」邪淫屬於大罪，犯大罪是要下地獄的。地獄中的永火比世間的火厲害多了；永火燒起來的疼痛，就如同真火與紙上畫的火之間的區別，簡直無法想像。可是我始終沒有向神父告解，講與露絲瑪莉行其好事的意淫之念，這項邪淫罪只私屬於我和露絲瑪莉。

我毫不氣餒，繼續向伊人表達仰慕，經常也只能和她打個照面說兩句話，或在教堂內默默地看著她虔誠的望彌撒、隨著琴聲與大家唱起：「耶穌矜憐我等」，側面靜觀露絲瑪莉唱聖詩，她嘴唇一開一合特別性感，誘惑死人的，如果我能湊過去與她做唇與唇的接觸，然後——。啊！褻瀆、褻瀆。

西門町某首輪電影院正上映霍華．基爾（Howard Keel）主演的歌舞片：*Rose Marie*；片中有主題曲：〈露絲瑪莉我愛妳〉（Rose Marie I love you），唱得震撼人心，動聽之極。我看了兩遍，都是自己一個人去的。曾經試著邀她一同去看這部電影，生平頭一次約女孩子，挫敗而返。但是我把這首主題曲練熟了，想著終究有一天，會在她面前充滿激情的唱起來。

老神父約我單獨談話；心中忐忑不安，他知道了我的那個邪淫之念？老神父不斷誇獎我近來表現好，全世界有好幾億天主教徒，梵諦岡教廷需要很多年輕人來奉獻；你感覺到天主的召喚了嗎？「聖召」是嚴肅的，你好好的想一想。受寵若驚，要我進修道院、念神學、以後當神父做彌撒？我頻頻點頭，答應回去認真的考慮。

「根本用不著考慮，我們天天胡說八道，你每隔十五分鐘就講那件事，也配去當洋和尚？」小剛說。

話說得沒錯，我穿上大袍子做彌撒，舉起聖杯，閉上眼睛朝著十字架默禱，冥冥之中腦海出現一幅與露絲瑪莉做著傳宗接代的行樂圖，歡暢不止；這像話嗎？在告解亭向老神父說，我靈魂上的問題多，還沒有感應到有聖召。老神父要我謹守十誡，認真的做一名天主教徒，聖召隨時會到來。

最醜陋的一幕終於來臨。那次唱經班練唱結束，我快步追上她倆：「我又有一個很好笑的笑話——。」

露絲瑪莉突然扭過頭來一臉慍色，提高了嗓門：

「我不要聽你的什麼笑話，不要聽、不要聽，別再纏著我好不好？」

說完大踏步的走開。我登時愣在那兒無地自容，四周有好多唱詩班的團員，個個瞪著大眼看。花腔過來在我耳邊輕輕說：「別在意，她今天的心情特別不好。」然後她小跑著追上露絲瑪莉。

罷了，罷了！我洩氣洩到了盡頭，有如虛脫，靠著牆佇立，無法動彈。小剛負責收拾會場，很晚才離開教堂，見到我歪著頭倚牆而立，過來問：「你是怎麼了？」我順著牆沿一屁股坐到地上。

小剛建議必須寫封信給她，把我真摯的愛戀之意詳細說清楚，也算有個了斷。我洋洋灑灑寫了七頁的傾心告白，字跡工整，不是吹牛的，自覺它是一篇辭情並茂的佳作。事隔多年，現在一句也記不得了。

等回信是最難耐的煎熬，每日神不守舍，她要是根本不回信，那要等到何年何月去？三個禮拜之後我接到她的回信，迫不及待的要打開，且慢，不能把信封扯破了，小心翼翼地拆著；一張紙，寫了不到四分之三頁；內容全無意外，她不能接受我的追求，最後有句鼓勵的話：希望你做一盞十字街頭的明燈。

買了三瓶紅露酒，我叫小剛過來。小剛進門就問：

「幹嘛要喝酒？」

「我失戀了。」

「扯淡，你連她的手都沒碰過，失個什麼屁戀？」

小剛嫌紅露酒的味道苦，我獨自喝完三瓶，反覆唱露絲瑪莉我愛你主題曲中的一句：有時候我希望我從來沒見過你（Sometimes I wish that I've never met you）——。唱得很難聽；又頻頻的說：「我要做十字街頭的明燈。」

紅露酒的反應強烈，喝醉了之後渾身燥熱，嘔吐、頭部劇痛。後院有一石頭圓桌，我赤膊趴在石桌的桌面上，嗷嗷地發出獸性呼叫。

後記

一

參加了台大話劇社，演過好幾齣話劇，自己以為有點知名度了。可不是，有一次排戲，幾個大一女生在旁邊指指點點。一位過來問：

「你就是王正方嗎？」

「是我，你們看過我上次演的《慳吝人》？」

「沒有，我們都讀過你寫的情書，滿精采的。」

她們是露絲瑪莉的高中同學，我寫的那封告白信，曾被廣為傳閱，有人把七頁信紙貼在布告欄上。哎唷！原來出的是這樣的名。

二

數十年後，在紐約市籌備一部新電影的首映會，辦公室亂糟糟忙到翻天。祕書大聲叫我聽電話，拿起話筒哈囉了幾次，對方不說話，然後傳來：

「喂，格老子，我是露絲瑪莉。」

「啊！太意外了，你怎麼有我的電話？」

「哎呀！你是名人了，宣傳做得那麼大，我住在加州，打電話來恭喜，祝賀你的新電影。」

久違了露絲瑪莉，真感謝妳的祝福，談了好一會兒，我說：「下次到了加州一定去找妳。」

放下電話，遺憾沒時間多聊，然而這是我們講話最久的一次。歲月蹉跎，再也沒有見到她。

我想我還能唱「Rose Marie I love you」那首歌，只是從來不曾當眾表演過。

39 準備考大學，進了派出所

如何考上好大學？一九五六年的夏天，我面臨這個難以解答的問題。去問誰？父母早年受民國時代的大陸教育，老哥是建國中學的模範生，直接保送台大化學系，不必考大學；從小學到高中的同窗好友；瞿樹元、江顯楨，他們分別保送進入台大物理系、台大醫學院，這兩人整個暑假就在家中優哉游哉，人人羡慕。台灣的補習班行業還沒有出現，我真是到了求助無門的地步。

經常來我們家蹭飯的孫學長，是母親抗戰時期在江西上饒縣工兵子弟小學的學生。老孫認為我媽媽是他一世的恩師，把一個冥頑無知的小渾球，教導成一名用功好學的少年。抗戰勝利以後，孫學長隨著遺族學校來到台灣，蔣夫人命令遺族子弟從軍，他在鳳山新兵訓練中心混了好幾年。不甘心當一輩子的大頭兵，他買了升學指南之類的書，在軍中偷偷的拚命苦讀。頭一次以同等學力身分報考大學聯合招生，成績不太理想，上了海事專科學校。第二年再考，台灣省立師範大學數學系錄取了他。

孫學長考過兩次大學聯合招生，比誰都有經驗。他很熱心地向我傳授考大學的重要訣竅：

・去圖書館找「考古題」來做。考古題就是前幾年的大專聯考考題，先去體會一下，抓準了那種感覺。要學會如何做好時間管理；務必要把容易的題目先做掉，穩住陣腳，搶到墊底的分數。

・難題一定會碰上，沉住氣好好的去想，如果這題目乍一看很費工夫的樣子，千萬別衝動，笨頭笨腦就去解它，時間一下子過去了，既得不到正確答案，時間也耗掉許多。然後心中慌亂，其他容易的題目也會做錯。解難題都有個竅門兒，換個想法去思考，往往就迎刃而解。他舉了個簡單的例子，一道數學題：1+2+3……+99+100=？就有那種傻瓜埋頭一個一個去加，時間到了也沒得到結果，一定還會加錯。

・拿到考卷的頭一件事，花兩三分鐘仔細看所有的題目，當機立斷先做最容易的，難題留在最後，千萬不要按照順序來做。

孫學長的「考大學要訣」頗有道理，從前我也聽說過一些，切忌臨場緊張慌亂。然而這不是我最大的問題，我的病根子是三年來讀書不踏實，興趣龐雜，世間好玩的事情太多了，在數學、英語等科目上沒有下過硬功夫，翻開書本複習；都曾經相識，卻又不很熟悉。

暑假頭一個星期，天氣炎熱，汗如雨下。母親見我每日拿起一本書來看了幾頁，又去找另外一本來讀，急躁慌亂，漫無章法，還滿處找零食吃。老母冷眼旁觀了一陣子，她說：

「我不知道你們大學聯考要考什麼，但是你不能這樣亂糟糟的瞎折騰。」

「別管我的事好不好。」

已經進入青少年的叛逆期，我對大人常常顯露出不耐煩、倨傲的態度。

「不是在管你，」母親說：「做什麼事都要先理出個頭緒來，訂下日程表，每天在一定的時間內，固定的做好訂下來的事，這就是自律：自律為成功之本。」

「是有恆為成功之本，青年守則第十二條。」我沒好氣的嘟嚷著。

吾家老母最有紀律；早上一醒來，就在榻榻米上做自己發明的八段錦功夫操，每日在固定時間鋪好舊報紙，懸腕練書法，從未間斷，我們家的報紙每一張的正反面都寫滿了毛筆字。學校大掃除，班長要每位同學帶幾張家裡的舊報紙來，擦拭教室的玻璃窗，他總要提醒一句：「王正方家的舊報紙上都寫了毛筆字，我們不要。」

母親開始臨摹孫過庭書譜，一遍一遍的寫，後來書譜的每一句每個字她都記得，就見她信筆寫來，搖頭晃腦的念念有詞。後來她的字自成一格，遠近知名，親友向母親討字的人愈來愈多。

抗戰時期四處奔波，母親的病可多了：失眠、神經衰弱，肺不好、經常輕微發燒；這些年來她堅持規律平淡的生活，勤練書法，身體日益健康。許多當時的名書法家對她推崇備至，有李超哉、王壯為、王軼猛等。王壯為說：「曹端群是民國以來罕見的優秀女書法家。」

父親也說：「小方得多跟媽媽學著點兒她那個寫字的功夫，每天規定好，在固定的時間念書、做作業；堅持下去，成績肯定就上去了。每次都來個臨時抱佛腳，那怎麼行呢？」

他又說：「咱們老家的話：要得富，開久鋪。是長久的久，不是喝酒的那個酒。行之苟有恆，久久自芬芳。」

每天打籃球的時間都不夠，閒下來就和瞿樹元他們看好萊塢首輪電影、學唱美國流行歌曲——，老爸對這些根本就不通；普里斯萊（Elvis Presley）是誰他都不知道，我哪裡聽得進他那一套？

距離大學聯考的那個日子不遠了，孫學長建議，一定得有個計畫。計畫怎麼訂？簡單，你哪一門最沒把握就多花時間讀它。我搔搔後腦杓，都沒什麼把握耶！最弱的是數學、接下來是英語——，三民主義從來沒考過九十五分以下，最有把握。好，一定要自動自發起來，每日早起晚睡：清晨背英文單字，複習英語教材、下午解數學難題、晚上讀理化及其他。總共要考六門。

頭兩個星期尚能堅持，再下去又逐漸懶散起來。當時全台灣的空調機還十分罕見，只偶爾在大公司、洋行裡見過，夏日炎炎能熱到你倒在榻榻米上昏迷不醒良久。偶爾睜開眼睛，看見母親一臉汗漬漬的揮毫寫書法，心生慚愧，趕緊爬起來以涼水沖臉，端坐讀書；不到幾分鐘，上下眼皮子又湊到一塊去了。

某日下午家中無人，又在榻榻米上昏昏睡去，對門的那隻土狗再三狂吠不止。不由得大怒，起身頂著毒太陽開門喝止土狗，那狗東西衝著我齜牙咧嘴的叫得更凶！混帳，連你也看我不順眼？從地上撿起一顆石頭來，正要以石頭砸牠。巷口有雄厚的男中音對我大吼：「不許動！」

一名身材魁梧的警察跑了過來，態度十分凶悍粗暴，他抓住我的手臂說：

「你手上的石頭就是犯罪證據，同我去派出所。」

「什麼犯罪證據，我犯了什麼罪？」

怎麼也解釋不清，家中沒有人，乖乖的被帶到派出所作筆錄。

當日下午有人向警察局報案，附近許多住戶的玻璃窗被人以石頭擊碎，但是不知道石頭從那裡來的，出動好幾名警察在案發地附近巡視，也沒抓到現行犯。現在只逮到一名正要拿石頭砸下去的少年，就是我！唉，真是秀才遇到兵，不，遇到警察也一樣，有理說不清。

兩個小時後，父親出現在派出所。他遞給警長一張名片，警長看了一下立即畢恭畢敬的站起來稱呼他教授。父親皺著眉頭，先單獨與我談話，了解清楚了情況。然後他給警長遞了支菸，兩人吞雲吐霧了幾口，老爸說：「第X派出所的白警長，您熟吧！」

「當然，我們是老同事了。」

「喔！我跟他小同鄉，兩個村子隔不到十幾里路。您府上是那裡？」

如果對方的家鄉在長江以北的任何地方，我家老爸都能同他攀上鄉親。數分鐘後，爸爸說：

「這不是自我吹噓，我們對孩子們的管教一向是最嚴格的，平白無故砸人窗戶的事，他絕對不會做，更不敢做。」

「誤會誤會，純粹是一場誤會。」警長說。

在回家的路上，爸爸沒有責罵我，面帶嘲諷的說：

「好好念書準備考大學，幹嘛跟狗生氣呢？等到你拉不出屎來，那才叫做跟狗生氣了呢！」

「怎麼說？」

「你在那兒憋著不拉，不讓狗吃你的屎呀！哈哈哈。」

「可是現在的狗都不吃屎了！」

爸爸的笑話，很多還停留在他童年的河北農村時代。他雖然對美國流行音樂一竅不通，但是有許多事情老爸還是挺罩得住的。

大專聯考一年一次，如果考得不理想，分發到自己不喜歡的大學，多麼委屈難過！所以報名時填志願，那個學問就大了。第一志願不妨填上最高目標，後續的幾個志願最為關鍵，因為一旦考得不太理想，很可能整整四年的時光，就待在一個自己不喜歡的學校裡。

孫學長又來幫我出主意，他說既然要報考甲組理工科，第一志願當然就填最熱門的台灣大學電機工程系：

「我連考兩次第一志願都填台大電機系，就是分數不夠，這回你一定要給我考上它，算是替咱們兩個爭一口氣。」

好辦，就聽你孫學長這句話，第一志願填上台大電機系。但是心裡明白，憑我這點子功力，上台大電機的機率看樣子不高，考上第二、三志願最有可能，又該怎麼填呢？

兩個月前，東海大學的幾個建中校友，回母校向畢業班同學宣傳他們剛成立的新大學：美國某基督教會創辦，採自由教育學風，全體住校，獎學金多，同學們還有很多機會在校內工作，賺到不錯的工資，學校位於台中的大肚山畔，環境優雅。

那個年代的台灣，人人崇拜美國！你想想看，一個有美國自由學風的大學，當然允許自由戀愛，校園內說著美式英語、聽流行音樂，攜著未來女朋友的手（雖然還不知道她是誰），漫步蕩漾於山林之間，夜色漸濃，我俯身貼近了她的臉——，啊！人間至樂；整日嚮往不已。

我與林宏蔭的第一志願都填了台灣大學的熱門科系，算是給家長一個交代，第二志願填的是東海大學化工系，約好一塊去大肚山下過幾年自由自在的日子。

酷熱的天氣，獨自帶了個水壺進考場，緊緊張張的煎熬兩日，每場考完也和同學討論了一番：某道題目的正確答案究竟是什麼？算了吧！已經交卷，萬事由天莫強求，何須空自去發愁。渾渾噩噩的走出考場，進得家門來，坐下去就站不起來了。

「餓了吧！考得怎麼樣？」母親問。

老實說沒啥感覺，現在我不願意去談它想它。

「不知道，會的都寫上去了，不會的也胡寫了一通。媽您放心，好歹也能考上個大學，等著放榜吧！」

40 不小心考上台大電機系

放榜前幾天晚上，徹夜難眠；間或睡著了片刻，又作起亂七八糟的夢來：我要是一個學校都沒考上，簡直不能做人了，低下頭走黑巷子，落榜小子狗都嫌。

大學聯合招生錄取名單會刊登在第二天各大報紙上，中國廣播公司搶在頭天晚上廣播這份名單。眾考生個個守在收音機旁，緊張萬分的盼望聽到播音員念到自己的名字，最好是以第一志願錄取！

哎呀！要忍受這種惶恐、期盼、無奈、等待……，簡直是世上最痛苦的煎熬。想起某古希臘哲學家的名言：「人類最可怕的悲劇就是對未來的不可知！」

和父母哥哥一道聽廣播，若聽到的是一個無法承受的徹底失望，還能活得下去嗎？我約好瞿樹元、林宏蔭他們幾個去南昌街打司諾克（Snooker），叫那家彈子房把收音機開到最響，放輕鬆一面打彈子一面收聽錄取名單，任憑世間風雲在耳邊掠過，我們就在此地談笑風生，將各種顏色的彈球一一擊入洞中袋底！

瞿樹元的彈子功力很平常，加上他有四百多度的近視眼，長球多半打不準；今天晚上他卻是神準起來，左一撞右一蹭的，球兒紛紛入袋。當然囉！瞿樹元早就得到校方推薦，保送台大物理系，今天他是陪我們來玩兒的，廣播名單裡肯定沒有他，人家心中篤定得很。其他人就在那裡強自鎮定，彈子都打得七歪八斜的。

廣播錄取名單開始，第一間大學的第一個科系是台灣大學數學系，錄取的第一位同學是：林早陽，播音員以正宗國語念了兩遍他的名字。早陽是我們班的同學，綽號遭殃。大家高呼：

「遭殃一點也不遭殃，他是第一名。」

「早晨的太陽，自然是第一個出來的呀！」樹元說。

念到台大電機系的錄取名單了，我豎起耳朵來全神貫注的傾聽；聽到王七、陳秀夫、柯燕卿的名字，都是我們班上的優秀同學，還有好幾個隔壁班的也上了榜，這都不令人意外。聽著聽著已到了尾聲，那年台大電機系只錄取三十四名學生，我覺得自己的機會渺茫，等著聽東海大學化工系的名單吧！

然而就在台大電機系名單快要結束時，播音員突然字正腔圓地說：「王正方，王正方。」

瞿樹元從球檯的那一頭跳了起來，連笑帶罵的大聲吼叫：「他媽的你這小子，根本不讀書，每次考學校就讓你撞上狗屎運氣！別人會被你氣死的。」

我三鞠躬致謝，故作謙虛狀：「小子德薄能鮮，全仗祖上餘蔭。」

林宏蔭考上了東海大學化工系。他那晚的神情有幾分沮喪，我勸他：「好好享受在東海的自由生活，你肯定會及早體會到男女間肉體互動之歡愉，共勉之！」

宏蔭吃吃的笑起來，刷的一下子臉漲得通紅。

與瞿樹元騎著腳踏車在台北市街頭亂轉，天南地北的談未來四年，夜深方才回到家。母親獨自坐在客廳閉目養神，父親的鼾聲陣陣。我輕輕進了家門，低聲問：「還沒睡？」

「哦，在等你呀！我們都聽到廣播了，你爸爸高興的又唱了那一段。」

「我本是臥龍崗，散淡的人？」

老爸當然對我考大學的成績極為滿意，這是個完全出乎意料的結果。他在朋友面前經常說這麼一句：

「一家子裡有兩個小孩都上了台灣大學的熱門兒科系，還真不多見哪！」

帶著我去各社交場合，見到親朋好友，個個讚不絕口：「哎呀！你家弟弟也這麼優秀，將門虎子，王府真的是人才輩出呀！」

爸媽笑得嘴巴合不攏來。

兩星期後，聯考成績單寄到家裡：總分四百六十八分：三民主義、國文、史地的分數都滿高的，理化科也不錯，英語馬馬虎虎，數學只得了六十幾分。那次的數學題目甚難，據說

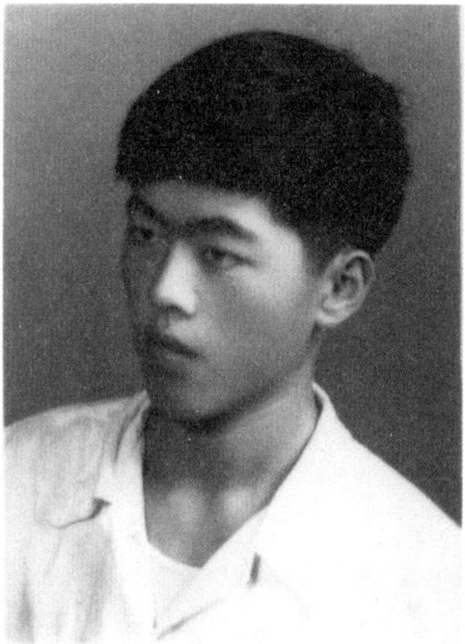

剛考上台大時的模樣。

能考到六十分的並不多。花最多時間去讀的那兩門，依舊考得最差。依照榜單的排名次序，我以倒數第六名，考上了台大電機系，好不驚險。

一生最閒散的時光，就是放榜後等候開學的那段日子。每天晚起晚睡，吊兒郎當的去各處瞎混，雙親不做任何批評。

孫學長特別興奮，說我替他爭了口鳥氣，考上了他最嚮往的台大電機系。約了哥哥我們三人一同去打撞球，祝賀我金榜題名。南昌街的那間撞球店，計分小姐阿珠的「胸前偉大」，他們早就想見識見識。

在撞球店我和計分小姐阿珠，有一搭沒一搭的聊著。

隔壁一張撞球檯子，有兩名中年人顯然喝得過量，有時候撞球桿子都倒著拿，在那裡吆三喝四的亂打一通。然後又衝著阿珠怒吼，說她不專心替他們計分，只顧著同那個少年郎講話，阿珠一臉委屈。

我朝著醉漢怒目而視，那人突然面露猙獰的走過來，張開大嘴噴出臭哄哄的酒氣，他說：

「你看什麼看，有什麼好看的？」

「不能看嗎？我看你長得漂亮。」我說。

一隻拳頭歪歪斜斜的就朝著我臉上打過來，我退後一步躲過。那人踉踉蹌蹌的再逼過來，路都走不穩。突然身強體壯的孫學長站在我和醉漢之間，他用手輕輕一推，醉漢就往後傾倒，被他的朋友扶住。

「怎麼樣，要打架嗎？」醉漢口齒不清。

「打架？」孫學長說：「這種事我從小就經常幹的耶！」

孫學長說完了又推他一把，醉漢再往後倒了下去，並沒有真的打起來，雙方互相吼叫了一陣子。阿珠把撞球店老闆找出來，老闆最怕有人在他店裡吵架鬧事，他連哄帶騙的說好話，不收費了，把那兩名醉鬼送走；回過頭來笑瞇瞇的請大家繼續玩球。

一局還沒打完，就見到有個短頭髮的矮胖中年，率領幾名年輕人衝進門來，他們像是便衣警探。店裡幾個正在打球的青少年，一見到這幾個人就紛紛奪門而出，有一個朝著後門快速閃過去；中年胖子腳程好，熟門熟路的幾步就衝到後門，一把抓住想要逃跑的人，兩名便衣警察衝上來，以手銬將那人的雙手扣上，乾脆熟練。阿珠在我身旁耳語：「那個人是少年犯罪組的魯俊組長。」

經常在報上讀到這位警官的事蹟，魯組長是不良少年的剋星，破獲了不知多少起青少年犯罪案件。依照當時的戒嚴法，未成年青少年不准在撞球店出沒。

魯組長環視全場，我感覺到他帶有權威性、具懾人威力的目光，朝著我炯炯的射過來。魯組長一步步走過來，上下打量，距離約半步之遙，他停住了，聲音低沉的問我：「身分證！」

「沒帶出來。」我說。

「那麼給我看一下你的學生證。」

「也忘記帶了。」

「哦？」他露出不友善的笑容：「同我到警察局走一趟，你的證件就都出來了。」奇怪了，是因為我的長相他們看不順眼，幹嘛要我去警察局？

「為什麼要同你去警察局，我只是站在這裡，你看見我做了什麼違法事嗎？」我的語氣不平和。

「就是因為你態度不好！」他大吼，聲音出奇的洪量。

魯警官的表情十分怕人，他向身邊的便衣使了個眼色，那便衣伸出手來按住我的肩頭。我一時氣憤，不假思索出手用力的把那人的手從我的右肩推下去。便衣警探個個精通擒拿術，他迅速的抓住我右手，一拉一扭就將我的右臂死死的反扣住，略一使勁拉扯，我的整個臂膀就痛徹心扉。

「我是台大化學系的學生，」哥哥手裡舉著他的學生證給魯組長看，他說：「他是我弟弟，今年建國中學畢業，剛剛考上台大電機系，怎麼會是個不良少年？警官你講的對，我弟的態度有時候的確不太好。向你保證，我們回去好好管教，以後他的那個態度絕對會改善。」

老哥彬彬有禮、形象正派，有條有理心平氣和的向魯組長陳情，魯老大大概知道這回找錯了對象，顯得不耐煩，招呼屬下放開我，帶著捉拿的人犯，一陣風似的離去。

一晚上全靠著孫學長和老哥替我解圍，怎麼回事？難道說是因為我不小心考上了台灣大學，自我感覺過於良好，便得意忘形，傲慢不遜起來，處處顯露出那個不良少年的模樣？

41 差一點加入中華鐵血劇團跑江湖

西門町的每部首輪電影都看過，普里斯萊主演的*Love me Tender*看了兩次，影片中每支曲子我都會唱，學著貓王嗓音微微顫抖的那個死調調，同學們聽了都說：「他媽的真像。」但是普里斯萊的演戲天分實在不敢恭維，這人連最基本的喜怒哀樂也不會掌握，但是無關緊要，大家為了要聽他唱歌才去看他的電影。在片子裡只要他開口唱起來，整個電影院就聽見一片嗡嗡之聲，都跟著哼哼呢！

我不時對瞿樹元他們說：

「換我來演普里斯萊的角色，這個電影就有看頭了。」

瞿樹元屢次聽到我說這些，就搖頭嘆氣說：「唉！明星夢，明星夢！你這個明星夢遲早必須醒過來。」

明星夢醒的日子遲遲不來。

我在報上見到一則廣告：台灣製片場演員訓練班招生，列出年齡、教育程度、身高體重等條件。我當然都合格。偷偷去照相館拍了一張明星味兒十足的照片，與報名表格一道寄出。應徵的筆試很簡單，當然通過錄取了，重要的是面試。

台灣電影製片廠廠長袁叢美導演親自面試，可見片廠對這次招考演員有多麼重視。袁導演坐在一張大辦公桌後面，仔細的看考生資料，他的夫人，台灣第一美人夷光，斜靠在一張沙發上看雜誌。

袁導演的聲音低沉，問了我幾個問題，我盡所能地說了幾句自以為得體的話，廠長頻頻點頭，相信他對我的正宗北京腔頗為滿意吧！然後他說：

「來這個演員班學習，一定要慎重的考慮好，你願意終身從事演藝工作嗎？」

我不斷的點頭。他拿起我的報名表看了看說：

「還有，你的家長必須同意。家長這一欄你怎麼沒有填啊？」

我匆匆寫上父親的名字。

「哦！你父親是王壽康，《國語日報》的王副社長？他同意你來上這個演員班嗎？」

我含混以對。正在看雜誌的夷光，抬起頭來看我一眼。

「您認識家父？」

「當然，他是我們的老師嘛！」

對喲！爸爸在台灣製片場教過好幾屆的「舞台語正音」班。袁廠長說：

「很好，不久就會接到廠裡的通知。」

可是台製廠的演員訓練班已經開始上課了，我還是沒有接到報到通知。

台灣的夏天熱起來可不是開玩笑的。把日式房子的門窗都打開，通風順暢，但是吹進來的都是軟綿綿充滿濕氣的熱風，令人悶悶地渾身發黏。每天沒個大事，閒閒散散的混著，夏日炎炎正好眠；我經常就倒在榻榻米上半醒半睡的虛度時光。

有時候瞿樹元他們過來找我出去逛街、見到的是一具勉強還帶有呼吸的活殭屍，倒在榻榻米上口齒不清的說著：「讓我再瞇瞪一會兒。」

「再瞇瞪下去天就黑了。」

最後只好放棄，他嘆了口氣說：「這簡直是到了一種極點啦！」

母親見到我的這種表現，也經常說：

「這孩子真叫沒出息。」

怎麼樣呢？我已經考上第一志願了呀！

某日下午，又躺在榻榻米上半昏迷的耍無賴，母親把一份《大華晚報》扔過來：「晚報已經送來了，一天就快過去囉！」

無聊的翻看晚報；讀到一則很小的廣告：中華鐵血劇團招募演員；立刻精神百倍起來，仔細閱讀後一躍而起，穿戴整齊，出門搭公共汽車往西門町而去。

進入一家門面窄小的西門町旅社，爬樓梯到第五層，有點膽怯的敲門。等了好一會兒，打開了個門縫兒：

「找誰呀？」

「應徵演員。」

一位面色灰白、頭髮過長的中年人，開門讓我進去。他自我介紹：

「我是中華鐵血劇團的副團長，這是個水準很高的職業話劇團，經常環島演出，很需要年輕新血來參加。我們的培訓計畫非常完整，只要條件好、用心演戲，馬上就可以在劇團裡演出重要的角色。」

副團長拿出劇本來，挑出幾段不同角色的台詞，讓我念念看；然後再同我講這些角色的性格、在劇中應有的情緒等。他說：「你能不能用聲音表情來表達角色不同的內心感受？」

那個劇本叫《天倫淚》，五幕三景人倫大悲劇；是北投政工幹校劉垠老師編寫的反共抗俄時代劇，它有點知名度，因為符合了台灣當時的政治基調。我看過一個劇團演出這齣戲；內容是講大陸的某個農村，兒子參加了共產黨，回鄉清算他父親；老頭子受盡屈辱，在台上哭訴：

「這就是我的兒子！」

扮演父親的演員是東北人，因為情緒奔放，就顧不得發音是否正確了，他一字一字重複地以正宗的東北腔調大聲念台詞：

「則就四我地兒紙！」

營造出喜劇效果來，台下笑成一片。

副團長要我念的就是那一段，我繃足了勁、壓低嗓門裝老頭兒，有模有樣的讀起台詞來。自己覺得掌握得還不錯。從副團長的面部表情來看，他對我念的那幾段似乎頗為滿意。副團長說：

「你的嗓音低沉有力，很適合飾演老年人。如果來參加中華鐵血劇團，幾乎每齣戲都有你可以演的角色。劇團排的日程很忙，不久之後又要開始環島演出了。你得早點做個決定，我們這邊也好安排。」

心中嘀咕起來，我剛滿十八歲，照著鏡子看自己的長相，再怎麼說也符合英俊小生的條件，卻要我演老人？

念台詞的時候，看見隔壁房間裡有位身材窈窕的女子，來來回回的走動，她在鏡子前面梳頭，長髮及腰，遺憾的是沒有看清楚她的正面嬌容，只見到個背影：纖秀的腰身，臀部豐滿，已令人怦然心動。心無所屬之際，我不記得當時是怎麼答覆副團長的，未置可否？

某日看完夜場電影回家，剛進門老哥就把我拉到一邊，低聲的問：

「你又在搞什麼名堂！台大電機系不預備去讀了嗎？」

「沒有哇，怎麼會呢？」

「爸爸還在那裡生氣呢！今天下午來了個人，他說是什麼中華鐵血劇團的副團長，劇團明天一早去基隆演出，要你趕快去報到。」

唉喲，副團長找到家裡來啦！可不是，在那個年月逢上緊急的事，都是親自跑一趟。

「爸爸那時候剛好在家裡？」

「就是嘛！老頭兒聽了一肚子火氣，嗓門大的不得了，呵呵冷笑說我們家的兒子考上台大電機系，哪裡會去你們那個什麼劇團演戲？少在這裡胡扯。副團長還一直問：『這個王正方不住在這裡嗎？』老頭兒就去後面拿出一支掃把來，副團長趕緊轉頭撤走。你說熱鬧不熱鬧？」

父親聽到我們兄弟在說悄悄話，咳了一聲，他大喊：

「是小方回來了嗎？」

低下頭進屋子挨訓。爸爸劈頭第一句話：

「你這一陣子胡鬼瞎鬧的還沒個夠嗎？怎麼，想跟那個什麼劇團去跑江湖？這個笑話可鬧大了！」

一晚上老爸跟我算起老帳來，過去幾年來我的種種素行不端，他再度提出來述說一遍；連最近我報名台灣製片廠演員訓練班的事情，老頭兒也知道，估計是袁叢美導演跟他說的。只有緊閉嘴巴不敢回話，最後父親做了結語：

「註冊那天你給我一早就去台灣大學報到，不准再玩新花樣了。」

我始終覺得挺對不起那位副團長的，當時話沒說清楚，害得他白跑了一趟，還被老爸趕出門去。事後做心理分析：自己分明不可能參加那個劇團的，為什麼當時沒有同副團長說明白？可能下意識裡真的很渴望去跑江湖、演戲；或者是：心中兀自迫切的希望看清楚那位身材妙曼、長髮飄逸女子的廬山真面目？

哪裡敢違背父親的囑咐，註冊那天起了個大早去台灣大學報到，有四位同學比我去得更早。學生證的號碼按照報到先後順序排列，我的台大學號是455305：45代表民國四十五年（一九五六年）的入學新生，下面一個5字是第五學院：當時台灣大學有六個學院：文、理、法、醫、工、農，工學院排第五。工學院有四系：土木、機械、電機、化工，第3學系是電機工程系。吾乃電機系第05個報到的新生；#5從此成為我一生的幸運號碼（lucky number）。

台灣大學的校門非常不起眼，建築矮小，它哪裡能算個建築？那只是個一層高的傳達室，上面矗立著根旗竿子而已。

我踏著自行車；不停的在台灣大學校門口繞圈子。晨風迎面吹來，想起這幾年來的讀書過程：起起伏伏（以「伏」為主），跌跌爬爬，大過不犯（因為沒被逮到過），小過不斷，但是總能幸運地攀上好學校的末節車廂，吊在車尾飄浮前進。

此處是全台灣最好的大學，絕對錯不了，我就要在本校電機系上課了；您說像話嗎？對了，我騎的還是那輛日本能率牌二十六吋（二六慢板）貨運腳踏車，車把特別高，遠看像一個人端了隻臉盆在大街上行走，整個的就是帥不起來。

文學叢書 683

INK PUBLISHING

調笑如昔一少年

作　　者　王正方
總 編 輯　初安民
責任編輯　林家鵬
美術編輯　黃昶憲
圖片提供　王正方
校　　對　吳美滿　王正方　林家鵬

發 行 人　張書銘
出　　版　INK 印刻文學生活雜誌出版股份有限公司
新北市中和區建一路249號8樓
電話：02-22281626
傳真：02-22281598
e-mail：ink.book@msa.hinet.net
網　　址　舒讀網http：//www.inksudu.com.tw

法律顧問　巨鼎博達法律事務所
施竣中律師
總 代 理　成陽出版股份有限公司
電話：03-3589000（代表號）
傳真：03-3556521
郵政劃撥　19785090　印刻文學生活雜誌出版股份有限公司
印　　刷　海王印刷事業股份有限公司

港澳總經銷　泛華發行代理有限公司
地　　址　香港新界將軍澳工業邨駿昌街7號2樓
電　　話　852-27982220
傳　　真　852-27965471
網　　址　www.gccd.com.hk

出版日期　2022年 7月　初版
ISBN　978-986-387-555-0
定價　380元

國家圖書館出版品預行編目資料

調笑如昔一少年 / 王正方著 .--
--初版． –新北市中和區：INK印刻文學，2022. 7
面； 14.8 × 21公分. --（文學叢書；683）
ISBN 978-986-387-555-0（平裝）

1.CST: 王正方 2.CST回憶錄 3.CST: 臺灣

783.3886　111003104

舒讀網